北関東の異界

エスニック国道354号線

絶品メシとリアル日本

室橋裕和

新潮社

駅から歩いて5分ほどの場所にある伊勢崎モスク。
イスラム教では神聖な色とされる緑の外壁にコーランの教えが書かれる（p.18）

「サラームカレー」のマトンごろごろニハリは濃厚な味わい（p.22）

伊勢崎ではペルー料理もいける。
「El Kero」のロモ・サルタド、お試しあれ（p.27）

ザイドさんたちにいただいたインドネシア飯。手前が「インドネシアの納豆」テンペだ（p.36）

01 大泉のシンボルでもあるスーパーマーケット「TAKARA」（p.42）
02 週末ビュッフェをやっているフィリピンのカラオケレストランは多国籍なお客で賑わう（p.60）
03 インドネシア食堂の頼れるお姉さんアプリ・リアニさん（右）と、技能実習生たち（p.67）
04 ブラジル料理レストラン「パウリスタ」でいただいたランチ（p.70）
05 左右がロヒンギャ風のカレーで右から2番目がミャンマー風のカレー。どちらもいけた（p.94）
06 「ダルバール」の絶品スイーツ、シアークルマはおかわりしてしまった（p.113）

07 さまざまな国の店が入り乱れるフラップタウンは北関東の象徴か（p.135）
08 茨城県とはとても思えない光景。ともに飯を食うランガルの儀式こそがシク教の柱（p.150）
09 ランガルの食事は辛さや脂っこさもなく食べやすい。そしてうまい（同上）
10 日本ではきわめて珍しいシーア派のモスク（p.195）
11 水海道中学校夜間学級で学ぶビラルさんの夢は日本の高校進学（p.211）
12 ワット・メッタダムで行われた托鉢の儀式。前から2番目がカンタソンバット僧（p.248）

タイ、スリランカ、フィリピン、バングラデシュ、日本の店が密集する亀仙人街（p.178）

茨城の土にまみれて生きる、ラオス人のママとタイ人のパパ（撮影:菊地健志）（p.163）

北関東最大級と思われるエスニック食材店「UEDA BASE CAMP」（p.260）

諸川農園で働くベトナム人たち。昼食はみんなでつくっていただく（p.267）

354号線の風景。
北関東は訪れるたびに発見がある

はじめに

きっかけはツイッターだった。

僕は日本でもとくに外国人住民の多い東京・新大久保に住み、街の様子をよくツイートしている。とりわけ、この街を彩るネパールやベトナムや韓国や中国やタイなど、さまざまな国のレストランのことを発信すると、なかなかに好評なのだ。気をよくしてあちこち食べ歩いてはツイートするうちに、しぜん同好の人々ともつながることになる。同じように多国籍グルメを愛し、日本に急増してきた外国人の文化を面白がる仲間たちと、フォローしあうようになってきたのだ。

そのひとり、比呂啓《ひろけい》さんからDMがあったのは確か、2020年の秋のことだった。

「栃木県の小山《おやま》を中心に、北関東を回るので一緒にどうですか？」

小山に遊びに行こうぜ、と言われて「いったいなにがあるの？」と首をかしげるのはシロウトである。我々にとって栃木県南部の小山といえば、パキスタン料理の聖地ともいえる街なのだ。中古車輸出を生業とするパキスタン人がたくさん住んでおり、そこでは日本人に忖度しないガチのパキスタン料理が食べられるという。僕もそんな話を聞いたことがあるだけで、実際に行ったことはなかった。なので喜んで同行させてもらうことにした。

そして濃密なるパキスタン世界に仰天したのである。立派なモスク、現地で見たのとそのまんまの絨毯《じゅうたん》敷きでワイルドな食堂、中古車が山と積まれる倉庫に出入りする民族衣装をまとったヒゲ面のパキスタン人たち。日本企業が運営する中古車オークションの会場でも、一大勢力となっている彼らの需要を満たすためハラル食品が売られているのには驚いた。そこには食文化だけではなく、日本の社会と関わりあいながら、この国に深く根を張って生きてきた移民たちの姿があった。

映像ディレクターでもある比呂さんは、食べ歩きだけでなく取材を通じて彼らのコミュニティに深く入り込んでおり、何人ものパキスタン人を紹介していただいた。その誰もが達者な日本語で、日本に来たいきさつや小山での暮らしぶりなど、実に興味深い話をしてくれた。

それからは比呂さんの運転で、たびたび北関東を訪れた。群馬県ではブラジル人の集住する大泉町、多国籍都市となっている伊勢崎《いせさき》市、ロヒンギャ難民が寄り添い暮らす館林《たてばやし》市……茨城県では境町にシク教徒の寺院があり、坂東《ばんどう》市や土浦《つちうら》市ではタイ人が存在感を見せ、また各地でスリランカ人も増加している。常総《じょうそう》市では人口のもはや1割が外国人だという。

なんとも多様な文化が、北関東に根づいているのだ。想像以上だった。群馬や茨城や埼玉の、失礼ながらあまり特徴のない街並みや農村の中に、外国人が肩を寄せあっている。地元の人々からすれば軋轢《あつれき》もあろうかと思うが、それでも新大久保など都内の外国人コミュニティ並みか、それ以上のダイバーシティが息づいていた。そんな北関東に、僕は次第に魅せられていった。

そして館林あたりを走っていたときだろうか。比呂さんが不意に言ったのだ。

「ここもやっぱサンゴーヨンなんだよね」

国道354号線。

高崎市からはじまり、群馬を走り埼玉をかすめ、茨城を貫通して太平洋に至るこの道路の沿線に、外国人コミュニティが多いのだと比呂さんは言う。助手席でスマホから地図を見ると、確かにその通りだと思った。国道354号線が通っている伊勢崎も、館林も、やはり外国人の多い太田市も、それに茨城に入れば古河《こが》市や坂東市、常総市、つくば市、そして太平洋に面した鉾田《ほこた》市まで、どこも外国人が集住している。小山は少し北に外れるとはいえ、国道354号線から10キロ足らずの距離だ。北関東を東西に走るこの道路に沿って、移民ベルト地帯が形成されている。いうなれば、「エスニック国道」だ。

それはいったい、なぜなのだろうか。どうしてこの地域に、どんな事情で外国人が集まるようになったのか。そして彼らはどんな暮らしをしていて、地元の日本人はどう感じているのか……急速に「移民社会」化が進む日本の、縮図がここにはあるかもしれない。ついでにいうと、きっと本場の異国飯も楽しめるはずだ。

僕はそんなことを思って、じっくりと354を旅してみることにした。

北関東の異界

エスニック国道354号線

絶品メシとリアル日本

目次

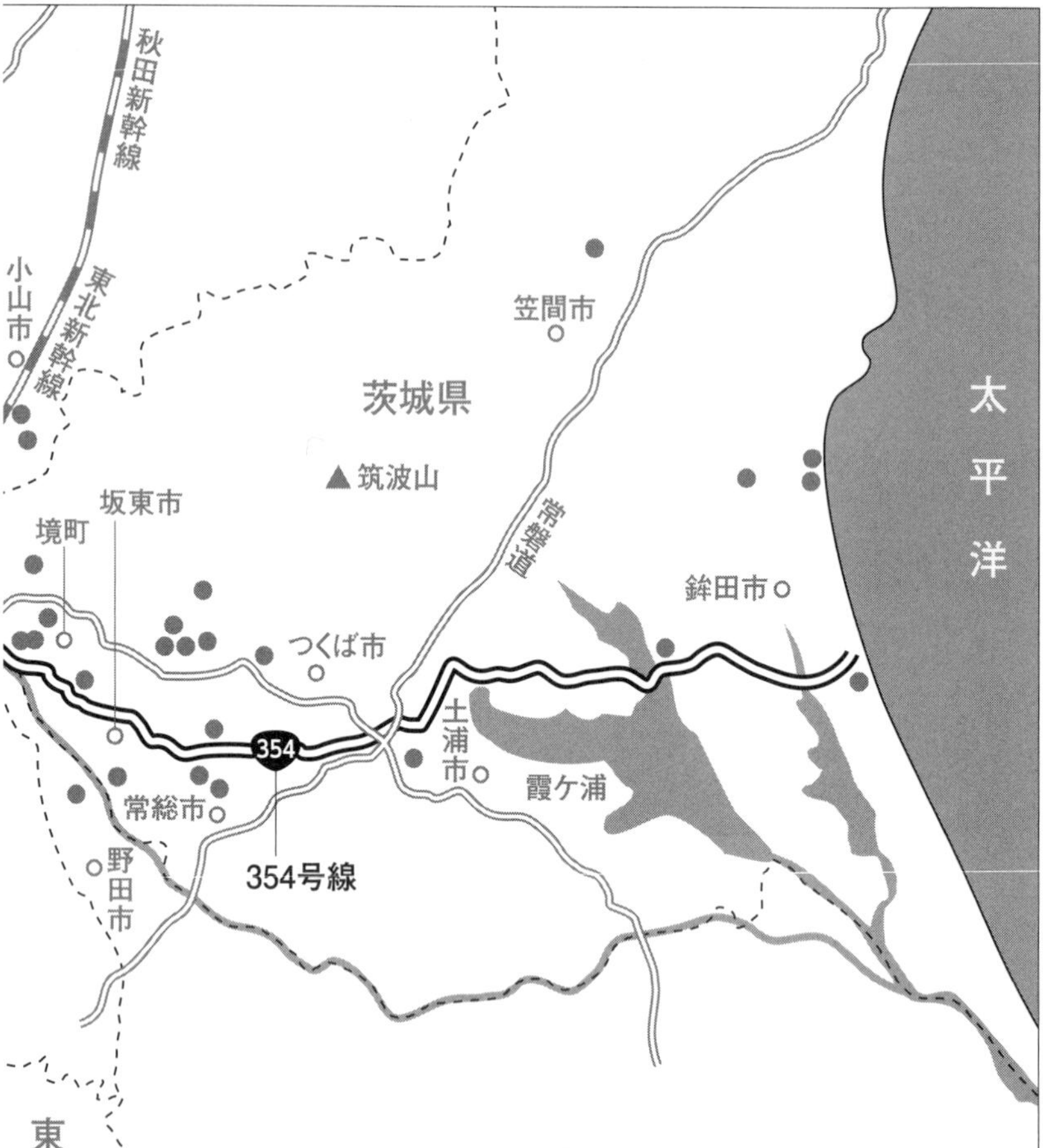
秋田新幹線
東北新幹線
小山市
笠間市
茨城県
筑波山
常磐道
太平洋
坂東市
境町
鉾田市
つくば市
土浦市
354
霞ケ浦
常総市
野田市
354号線
東京都
千葉県
圏央道
10km

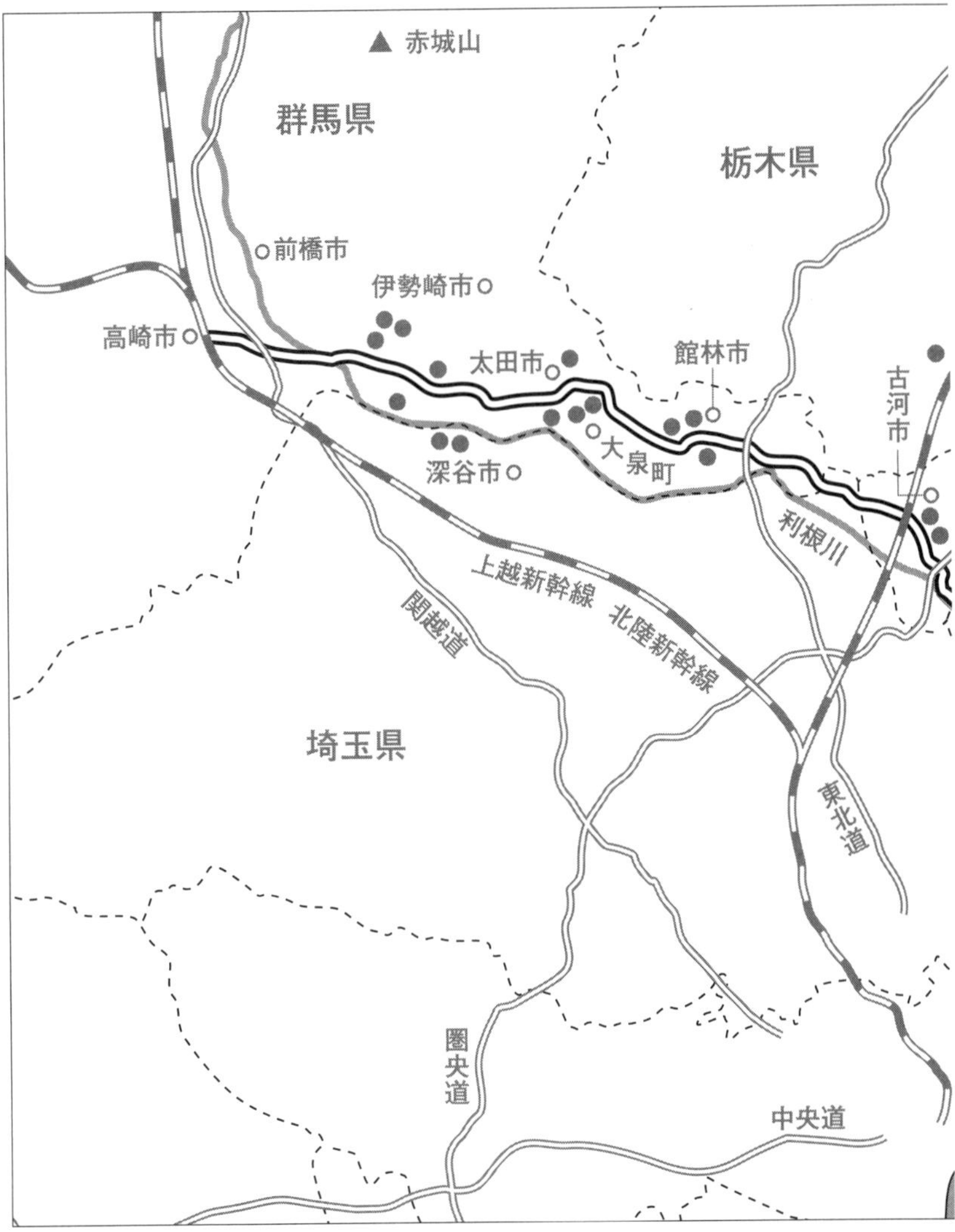

赤城山
群馬県
栃木県
前橋市
伊勢崎市
高崎市
太田市
館林市
古河市
大泉町
深谷市
利根川
上越新幹線
北陸新幹線
関越道
埼玉県
東北道
圏央道
中央道

本文中の肩書きや団体名、人物の年齢は取材時のものです。

北関東の異界
エスニック国道354号線
絶品メシとリアル日本

第一章　伊勢崎　バブルが異国の風を運んできた

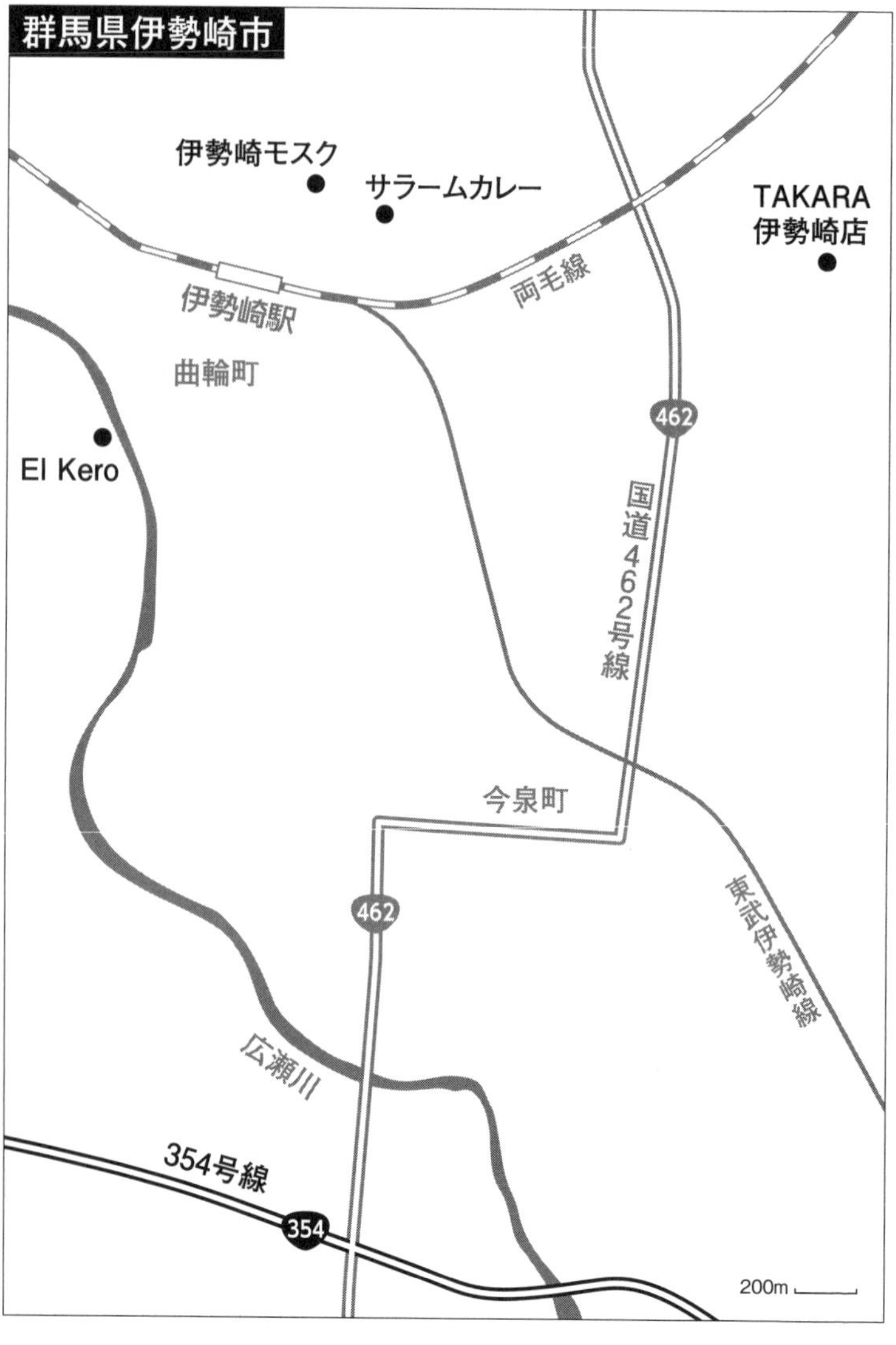
群馬県伊勢崎市
伊勢崎モスク
サラームカレー
TAKARA
伊勢崎店
両毛線
伊勢崎駅
曲輪町
462
El Kero
国道462号線
今泉町
462
東武伊勢崎線
広瀬川
354号線
354
200m

群馬のからっ風に吹かれて

３５４は群馬県・高崎市から始まる。

群馬ナンバー１の人口を誇るなかなかに大きなこの街は、古くから交通の要衝であり、かつては中山道《なかせんどう》の宿場町として賑わったそうだ。また中山道から北に分岐して越後《えちご》（新潟県）に向かう三国《みくに》街道も、高崎が始点となっていた。現代も同じだ。高崎市内には関越自動車道、北関東自動車道、上信越自動車道と３つの高速道路が通り、また東京方面から走ってきた新幹線が、JR高崎駅で上越新幹線と北陸新幹線とに別れる。そして我が３５４も、この駅がスタート地点となっている。オフィスビルが立ち並ぶ東口駅前から、まっすぐ東へ、はるか太平洋まで伸びているのだ。その距離およそ２００キロ。

出発すると、すぐに高崎市内の繁華街を抜け、左右に低層のマンションやディーラーや郊外型の大きなチェーン・レストランが並ぶ。スタバだってドライブスルー対応だ。日本の地方の典型的な光景といえるだろう。

やがて視界は開け、畑が目立つようになる。群馬特有の強い風に煽られて、土埃が舞う。そして利根川を渡る橋を越えると、この旅の第１チェックポイントともいうべき街、伊勢崎市に入る。とたんに目立つようになったのは、工場の平たく大きな建屋だ。大小さまざまな工場が、３５４やその周辺に点在しているようだ。トラックもずいぶんと増えた。ここらあたりでいったんクルマを降りて、じっくりと伊勢崎市を歩いてみよう。

工業団地の片隅にナン工場？

　ＪＲ両毛線・東武伊勢崎線の伊勢崎駅の改札を出てきたのは、フィリピン人らしきおばちゃんたちだった。タガログ語でぺちゃくちゃとおしゃべりをしながら、駅頭に停まっているバスに乗り込んでいく。近くの食品加工の工場へ向かう送迎バスだった。コンビニなどに並ぶ総菜をおもに生産しているのだが、その現場で外国人が働いているのだ。

　そんな背中を見送っていると、今度はワンボックスカーから南アジア系のおじさんが降りてきた。やはり駅から出てくる外国人女性たちに声をかけ、なにやら書類を確認すると、体温計をピッと彼女たちの額に当てる。そしてワンボックスカーに次々と乗せていく。気になって、話しかけてみた。

「ああ、僕はハケン会社の社員ですよ。ネパール人。彼女たちも近くに住んでるネパール人で、アルバイトね。みんな食品の工場で働いています」

　いまや総菜工場では、ネパール人女性が欠かせない戦力になっているのだという。彼女たちのダンナはたいていカレー屋だ。レストランだけではなかなか生活がきついので、こうして妻も稼ぎに出て家計を支えているのだとか。

　駅に隣接した大型のスーパーマーケットは、群馬・前橋に本社を置くベイシアだ。地場のスーパーも日本の異国巡りを楽しむ我々愛好家たちにとってはチェックしておくべき場所のひとつだが、案の定、調味料コーナーの一角に中南米ゾーンを発見。フェイジョアーダ（豆と肉の煮込み）やパルミット（ヤシの新芽）の缶詰、サルサソースといった、一般的な日本の家庭ではあまりなじみのない食材が並ぶ。地域にラテンの人々がたくさん住んでいる証だろう。

朝の伊勢崎駅前をほんの少し回るだけで、この街のインターナショナルさが伝わってくる。さらにグーグルマップを軽く検索してみると、ベトナムやブラジル、ペルー、パキスタン、タイなどの食材店にレストラン、それに教会やモスクなど〝異国スポット〟が30か所以上もヒットするのだ。なんという雑多さなのか。

南部の富塚町や長沼町のあたりでは、昭和電工やデンカ、三恵技研といった地域を支える工場が立ち並んでいるのだが、その一角にタイマッサージ屋がありスペイン語の看板を掲げた教会があり外国人向けの人材派遣会社があり、ボリビア料理のレストランがある。南アジアの下町に佇《たたず》んでそうなパキスタンの食堂もあって、気になったので行ってみればその隣はナンの工場になっているのであった。ヒゲをたくわえた男たちが汗にまみれてナンをガンガン焼いている姿を見ていると、ここが群馬県だということを忘れてしまう。そして伊勢崎という街の複雑さに驚く。とにかく多国籍なんである。

「50、60の国の人々が住んでいるんです」

と、伊勢崎市役所国際課のスタッフは言う。群馬県でも古くから外国人の集住が進んできた地域なのだとか。そのため市では20年以上前から外国人住民向けの相談窓口を設置したが、これは県内でもとくに早かったそうだ。

「いまではもう、日本で生まれ育った2世の時代ですよね」

だから日本人の住民にとっても、外国人の存在はごくふつうのものになっているのだという。

伊勢崎市の人口21万2412人のうち、実に6・3％にあたる1万3352人が外国人なのだ（2022年2月現在、伊勢崎市による）。これは群馬県で最も高い比率だ。とくに多いのはブラジルやベトナム、中国、フィリピンやペルーといった人々だが、いち早くこの街に定住したのはパキスタン人なのではあるまいか……そんなことを比呂さんからも聞き、僕は彼らのコミュニティとなっている「伊勢崎モスク」に行ってみることにした。

伊勢崎がイスラミックシティになった理由

「昔の伊勢崎は、イスラミックシティって呼ばれてたんですよ」

そう話すのはパキスタン人のモハンマド・アフマドさん（59）。伊勢崎駅から北に歩いて5分ほどの場所にある「伊勢崎モスク」のイマーム（先導者）だ。優しげな顔で、訥々《とつとつ》と話す。イマームというと厳格な宗教指導者のようなイメージもあるが、モハンマドさんは学校の先生というか、親しみやすい近所のお父さんのような感じで、モスクに出入りするパキスタン人からも「センセイ」なんて日本語で声をかけられていた。

「このモスクが建てられたのは1995年（平成7年）。その頃はただのプレハブだったんです」

それでも、近隣に住むパキスタン人をはじめとするイスラム教徒が集まってくるようになる。というのもその時代、日本にモスクは数少なく、イスラム教徒にとってはきわめて貴重な場所だったからだ。いまでこそ日本各地に100以上ものモスクがあるというが、90年代前半にあったのは兵庫県の神戸モスクくらい。その後1992年、埼玉県の春日部《かすかべ》に一ノ割《いちのわり》モスクが、さらに1995年に伊勢崎モスクがオープンし、日本でのモスク建設のさきがけとなった。壮麗な建築様式で観光客にも人気となっている東京・代々木の東京ジャーミイがいまの場所に移転してきたのが2000年だから、伊勢崎モスクはそれよりも早い。日本では古株の、なかなか由緒正しい存在なのである。

「いまはパキスタン人もみんなクルマ持ってるけど、昔は電車を使う人が多かったからね。だから駅前につくったんです」

とモハンマドさんは言う。その当時、モスクに集まってくるイスラム教徒のほとんどが、近隣の工場に勤める労働者だったという。彼らがこの地域に増えはじめたのは、バブル真っ盛りの1980年代のことだ。伊勢崎やその周辺に散らばる無数の工場群は、どこも好況ゆえの人手不足に悩んでいたが、そこを埋めたのが外国人労働者だった。とりわけパキスタン、イラン、バングラデシュといった国から来た人々だ。中小の工場が多い埼玉県南部や群馬県の東南部では、貴重な労働力だったという。そんな街のひとつとして南アジア・中東系の外国人労働者がおおぜい働くようになった伊勢崎は、イスラミックシティと呼ばれるようになったのだ。この80年代はまだ、ほかの文化圏の外国人はほとんどいなかったそうだ。

そして1990年代に入ると、埼玉や群馬に集住するようになったイスラム教徒の祈りの場、社交場として、一ノ割モスクも、それに伊勢崎モスクもつくられたのだ。

実は僕の父も、埼玉県南西部で町工場を経営していた。電子機器の部品を生産する小さなプレス工場で、バブルの恩恵はあまりなかったようだが、父が「なにか仕事がないか、ってパキスタン人が来たよ」なんて話をしていたのを覚えている。納品などの用事で中東系のアニキがうちにもよく来ていた。彼らもあの頃、モスクを必要としていたのだろうかと、いまになって思う。

モハンマドさんもやはり、はじめは工場労働者だったという。パキスタン北東部ラホール近郊のグジュラーンワーラーから日本にやってきたのは1996年のこと。

「名古屋や新潟、東京などの工場を転々としてきました。それから2003年になって、伊勢崎に呼ばれたんですよ」

伊勢崎モスクでイマームを務めていたバングラデシュ人が帰国することになり、その代役が必要になったからだった。モハンマドさんは父が教師でもあり、モスクでイマームの仕事もしていて、その姿を小さい頃から見ていた。イスラム教についての知識も父からずっと学んできた。適任だったのだ。

それからはイマームとして、地域のパキスタン人や、ほかの国のイスラム教徒を取りまとめてきた。2005年には大規模な建て替え工事を行い、プレハブから立派な建物へと生まれ変わった。5000万円ほどの費用はすべて仲間たちの寄付でまかなったというからスゴい。2階が絨毯敷きの広大な礼拝スペースになっていて、壁にはイスラム教の教えのポスターなどが飾られている。入り口から入って正面が聖地メッカの方角で、1日5回の礼拝時間を伝える時計と、ミフラーブというアーチ状のくぼみが設《しつら》えられている。そこに置かれた演台にモハンマドさんは立ち、説法を行うのだ。

僕が訪れたのはちょうどイスラム教で神聖とされている金曜日。お昼の礼拝は1週間でいちばん人が集まるのだが、入れ代わり立ち代わり100人くらいはやってきた人々に、モハンマドさんはたっぷり1時間もウルドゥー語で訓話を垂れていた。お祈りや説法は日本人や異教徒でも見学できるので、僕もはしっこで拝見させていただいたのだが、なにせ言葉がわからない。いったいどんなことを言っているのか気になった。

「なに、昔のエラい人の話ですよ。いつも真面目に働いていれば、嘘をつかずに暮らしていれば、神さまはちゃんと見ている、成功できるとかね」

それに最近では、コロナに気を付けよう、手洗いやマスクを忘れずにといったことも呼びかける。この日は寒風吹きすさぶ1月だったが、窓を開けて換気をしながらの礼拝だ。密集せず互いに距離も取る。

こうして集まってくるパキスタン人たちに、昔のような工場労働者はほとんどいない。バブル崩壊とともに仕事が激減し、帰国せざるを得なくなったからだ。それでも日本に、そして伊勢崎に根づいたパキスタン人たちの多くは、いま中古車輸出業を営んでいる。日本で中古車を買いつけて、それを世界各地に輸出するのだ。パキスタンだけでなく、中南米やアフリカなどにも送っているそうだ。これは栃木県の小山から始まり北関東のパキスタン人に伝播していったビジネスだと思われるが、そのあたりは354をたどりながら調べていきたい。

ひと通りお祈りと説法とが終わったあとは、感染状況にもよるが、会食となる。日本人も神社で神事を行った後は直会《なおらい》といってお供え物を参列者でいただく習慣があるが、根は同じようなものだろう。「祈りと共食」はどの文化圏にも共通しているのだ。ちなみにこのときに食べるナンは、長沼町でヒゲをたくわえた男たちが汗にまみれるあの工場で焼かれたものだそうな。このナンは北関東だけでなく都内のハラルショップにも納入している、評判の品だ。

イスラム教徒で、日本人で、母親

「お腹減ったよね。ごはん食べに行きましょうか」

ある土曜日、僕はまた伊勢崎モスクを訪れていたのだが、モハンマドさんは不意にそう言った。そこらをゴロゴロしながらスマホをいじっている小学校2年生の息子も連れ出して、クルマに乗り込む。運転をしながらモハンマドさんは、

「今日は赤城山がきれいだ」

と呟いた。純白に冠雪し、冬の乾いた空によく映える。街のどこからでも見えるこの山のふところに、伊勢崎は抱かれている。だから吹き下ろす風が強く、冷たくはあるのだが、四季折々の姿を見せてくれる。

「あっちは浅間山」

なんて言いながら、モハンマドさんは街を案内して回ってくれた。

「昔は駅も小さくて、古くてね。いまは本当にきれいになった。伊勢崎はこの20年でだいぶ変わった」

いまでは、おしゃれなパキスタン料理の店もできているという。モスクからほど近い「サラームカレー」にお邪魔して、3人で昼食をいただく。息子くんはハラルのハンバーガーをもりもり食べてご満悦だが、僕はニハリを注文した。骨付きのでっかいマトンをスパイスで煮込んだスープだ。ナンですくって食べると、これがたまらない。マトンはスプーンでほろりと削げるほど柔らかだ。夢中になっていると、ひと足先に食事を終えたモハンマドさんがヒジャブを

まとった日本人の女性を連れてきた。

「ナフィーサさんです。私の妹のような人」

こちらのお店のオーナーさんなのであった。パキスタン人の夫とレストランを開いて、ちょうど1年になるという。

「夫が前からレストランをやりたいって言っていて。でも経験もないし、コロナの真っ只中で本当にやるの？　って思ったんですが」

なんて笑うが、お店は近隣のパキスタン人だけでなく、日本人の家族連れもいて、けっこう賑わっている。人気の理由は、日本で35年も腕を振るってきたというインド人シェフの腕前だろう。ニハリなど本場のメニューもあれば、日本人に食べやすくアレンジしたバターチキンカレーもあって、幅広い客層をつかんでいるようだ。

ちなみに息子くんが夢中になっている「ハラルのハンバーガー」というのはなかなかレアなメニューなのだとか。一般的なバンズには豚由来の成分や添加剤が入っていて使えず、しかしハラルのバンズは日本ではあまり生産されていないからだ。ナンやロティ（全粒粉を使ったパン）といったハラルのパンは日本にもたくさんあるが、ハンバーガーに使うようなバンズがないというのは、日本人ではなかなか気づかない盲点である。そこで無添加工房と協力してバンズをつくり提供したところ、パキスタン人たちにヒットしているようだ。

もともと前橋に住んでいたというナフィーサさんこと深津直子さん（45）が夫と結婚したのは2003年のこと。群馬では工場労働ではなく、中古車輸出を手がけるパキスタン人が増えていた時期だ。深津さんもやはり、中古車ビジネスを営んでいた夫と出会った。その頃はまだ、伊勢崎モスクだってプレハブの時代だ。前橋でもハラルのレストランは一軒のインド料理店のみ。だからその店で結婚パーティーを開いたそうだ。

「子供の頃にはじめてナンを食べたのもその店だったんです」

そこで働いていたコックと、深津さんの夫が意気投合して、新しく「サラームカレー」をオープンしたというわけだ。長年のつきあいなんである。

その背景には中古車ビジネスが曲がり角に来ていることもあるようだ。

「昔はずいぶん儲かった人もいるみたいですね。バブルが終わったくらいだとまだまだ日本も景気が良くて、中古車はただ同然で仕入れられたそうです。でもだんだんと景気が下がってきて、日本人も中古車に乗るようになったでしょう」

だから仕入れ値が上がった。すると当然だが利幅は減る。それに輸出先の国々でも、自国産業の保護といった観点から中古自動車の輸入規制がかかるようになってきた。そんなこともあって、もうひとつビジネスの柱を、と考え、前々から興味のあったレストラン経営に乗り出してみたというわけだ。

深津さんは結婚を機に、イスラム教へと改宗している。それから20年ほどが経つのだから、すっかりベテラン（?）なのかと思いきや、

「イスラム教徒になったはいいけど、そんな簡単なものではなくて、いまでも勉強ばかりなんです」

と言う。人生の途中から、外国人がムスリマ（イスラム女性）になったのだ。教義についてはわからないことだらけだ。イスラム教に限らず、どの宗教も巨大な学問体系のようなものなわ

けで、それに「中途」の深津さんは3人の子供を育てながら向きあうことになった。いまもモハンマド先生のところで娘さんと一緒に勉強しているそうだ。

それに常々感じるのは、同じ立場の人、つまり日本人ムスリマがまわりにいない寂しさだ。

「東京ならもしかしたら、そういうコミュニティがあるのかもしれませんが」

パキスタン人をはじめイスラム教徒が80年代から定住していた群馬でも、彼らと結婚して改宗した日本人女性は少ない。

「そんなにマイナー？　って思うんですが（笑）」

だからレストランのオープンを機に、お店で月に一度の勉強会をはじめた。女性限定の「サラーム会」だ。

「とはいっても、私はなにも教えられないんで、一緒に学んで、日本人ムスリマ同士がつながる場にしたいと思って」

こうしたコミュニティをつくって話し合いたいのは、子供たちのことだ。イスラム教徒として、どう育てていけばいいのか。日本の社会や、学校生活と、どう折り合っていけばいいのか。

「ある程度はイスラム教徒として生きてほしいとは思うんです。でも、100％は難しいですよね。私だってできないんだし」

給食ではなくハラルのお弁当を持たせているが、子供たちはそれをまわりの生徒たちから見られて恥ずかしいと感じることもある。友達とコンビニに行っても、なにを食べればいいのか。ちょっとしたスナックだって原材料名に乳化剤やゼラチンがあれば豚由来の場合が多いのでNGだ。1日5回のお祈りを学校でもさせるのか。悩むことばかりなのだ。

とくに気になるのは思春期を迎えた娘のことだ。イスラム教ではなるべく身体の線を出さないような服装が好ましいとされているので、流行りの肩を出すファッションはできない。テニス部に入っているけれど、足は出せないのでサポーターを買った。でも夏場、娘がその姿で暑そうにしているのを見ると、無理に「着なさい」とは言えない。

イスラムの教えをしっかりと守れば、学校の中で浮いてしまうかもしれない。思春期の日本の子供たちは、僕もそうだったが、まわりと同じでいたいという意識が働く年頃だ。だからあまりイスラムを押しつけたくはないとも思う。なにより、学校を嫌いになってほしくはない。そんなことひとつひとつを、モハンマド先生にも相談しながら、深津さんたちは暮らしている。

「私はいま、ヒジャブをつけて生活しています。でも娘と出かけるときには、頭だけはヒジャブを巻かないんです。もしヒジャブ姿の私といるところを娘が友達に見られたら、お前んちの母ちゃん……って娘が言われたら、と思うと」

これがパキスタンやインドネシアなどの女性であれば、外国人の多い群馬県では「ああ、イスラム教徒だね」でスルーされるところだろうが、日本人のイスラム教徒で、ヒジャブ姿の女性となると、まだまだ奇異の目で見られることもある。だからいまのところ、娘にはヒジャブをつけさせていない。こうして考え、悩みながらの生活は、もしかしたら外国人のイスラム教徒よりもたいへんなことが多いのでは、と思った。ひとつの文化がその土地に入り込み、混じり合っていくというのは、深津さんのような人々の葛藤の繰り返しなのかもしれない。そこを乗り越えていくための「サラーム会」でもあるのだが、

「この前、パキスタン人と結婚を考えているって女性が来たんです。私がどう生活しているか

見に来たんですね（笑）。いろいろ話したんですが、それから後日、やっぱり結婚することにしましたってメールが来ました」

伊勢崎の日本人ムスリマのコミュニティも、少しずつ大きくなっていくのかもしれない。

受け継いだのは、醤油が香るペルー料理

街をうろうろしていて目につくのは、まず古株のパキスタン勢。そして新興勢力の東南アジア勢。とくに目立つベトナム人は、近隣の工場や農家で働く技能実習生だろう。彼ら相手の食材店や食堂も点在している。日本の古い民家を改装した店もあって、日越折衷のようなふしぎな佇まいだが、これは北関東の各地で見られるスタイルだ。高齢化と人口減少で入居者のいなくなった古い物件に、アジアの店が入っていく。そして少しずつ、街の姿が変わっていく。

加えて伊勢崎では、南米勢が強い。ブラジル系の食材店は小さな雑貨屋風のものから、群馬県道68号（桐生伊勢崎線）沿いには大型スーパー「TAKARA」もあって、どこもなかなか盛況だ。そしてレストランではペルー料理が多いだろうか。そのひとつ、若葉町にある「El Kero」に入ってみた。

まずはペルーの国民的飲料インカコーラを、歩き回ってへとへとになった身体に流しこんでいく。どことなく駄菓子感のある甘い炭酸飲料で、懐かしのメロンソーダを連想する。そしてメニューを見てみると、がっつり肉系から、太平洋に面した国らしく魚介のセビーチェ（マリネ）までいろいろあって悩むが、ロモ・サルタドをオーダーした。ペルー風の牛肉と野菜炒めが、ポテトフライと一緒にごはんに載っていて、ボリュームたっぷりだ。ほんのりとした酸味

がいい。あっという間に完食。

「父がこの店を開いたのは、25年前なんです」

と、幸地アキノリさん（32）は言う。いまでは父とともに、この店を切り盛りする2代目だ。そして「日系3世のペルー人」でもある。このあたりはなかなかに複雑だが、北関東の移民文化を語る上では大切なことなんである。

まず、日本から南米にたくさんの移民が渡っていった明治時代にまで、話はさかのぼる。

南米でもペルーはいち早く日本人移民を迎え入れた国だった。その理由は労働力不足だといわれる。ペルーには白人支配層がつくった大規模農園があり、そこではたくさんの黒人奴隷が働いていたそうだ。ところが１８２１年（文政４年）、ペルーがスペインから独立した後に、奴隷制は廃止された。そのため農園での働き手が足りなくなり、そこを埋めるためにまず中国人の労働者が流入、続いて日本人も海を渡っていった。１８９９年に日本人７９０人を乗せた「佐倉丸」が横浜港を出港。首都リマ郊外のカヤオ港に到着し、そこから日本人移民の歴史が始まった。いまとは逆に、仕事と豊かさを求めて日本人が海外に移民していく時代があったのだ。

当初は綿花や砂糖などのプランテーションで過酷な労働に従事し、賃金も安く、ずいぶんと苦労をしたらしい。言葉や文化の壁も、差別もあっただろう。それでも日本人は現地の社会に食い込み、次第に頭角を現すようになってくる。ビジネスを興《おこ》す人も出てくる。日本からの移民は１９２０年代から30年代にかけても増えた。第二次世界大戦のときはアメリカ寄りになったペルー政府によって日系人は財産を没収されるなど迫害も受けたが、戦後になると再び日本からの移住者は増加。世代を重ね、いまではおよそ10万人の日系人がペルー社会の中で活躍している。代表的な人物は、大統領にまで登り詰めた日系2世のアルベルト・フジモリ氏だろう。

そしてアキノリさんの祖父母は、沖縄からの移住者だった。養鶏や農業、それに飲食店など、いろいろな仕事をやって生活していたそうだ。そんな祖父母のもとに生まれたアキノリさんの父は、血こそ日本人だけど、ペルーの文化と言葉の中で生まれ育ったペルー人でもある。アイデンティティとしては日本人というよりもペルー人だったのかもしれない。

ところが、日本がバブルに沸き立つ1989年、一家の生活は大きく変わる。きっかけは日本政府の政策の転換だった。出入国管理及び難民認定法、いわゆる入管法が改正されて、日系2世と3世、その配偶者に「定住者」という在留資格(ビザ)が与えられることになった。これは就労が許可された在留資格だ。つまり日本政府は、労働者を求めたのである。日系人ならルーツは日本にあるのだし、きっと日本社会にも溶け込みやすかろう、と判断したわけだ。だからタテマエ的には「日系人が先祖の国で親族と交流しやすくなるように法律を改正したのだ」、なんて説明されることもあったようだが、本音の部分ではバブルの好景気の中で日本人が「3K(きつい、汚い、危険)」と蔑むようになった肉体労働の現場で働く人々を求めてのことだった。こうしてペルーやブラジルなど、南米に渡っていった日系移民の子孫が、出稼ぎ労働者として再び日本の地に舞い戻ってくることになる。とりわけ自動車産業をはじめとする製造業がさかんな愛知県と群馬県に、おおぜいの日系人が移り住んでいく。

その波に、アキノリさんの父も乗った。30年ほど前のことだ。

「群馬県の桐生市の工場で働きはじめたそうです」

伊勢崎からは北に15キロほどの街だ。その周辺に、ペルー人やブラジル人、それにボリビア人たちも散らばり、この地域の基幹産業である製造業の工場で働くようになる。南アジア・中東系の人々に加えて、群馬には新しい移民たちがやってきたのだ。

アキノリさんの父はまず、アキノリさんの姉と暮らしはじめた。そしていくらか慣れた頃に、生まれてまだ1歳だったアキノリさんと、妻を呼び寄せる。一家は伊勢崎で新しい人生をスタートさせた。

しばらくは工場で働いていた父だが、そのうち伊勢崎市内で知人が開いたペルー料理店のほうも手伝うようになる。祖父が飲食業もやっていた影響だそうだ。そしてオーナーがどうしても店を手放さざるを得ないことになり、これを引き継いだ。

「それから少しずつ店が大きくなって、いまの場所に移ってから15年ですね」

と話すアキノリさんだが、子供の頃は苦労もあったようだ。小さいときに移住してきたから日本語はしぜんに覚え、言葉の面では問題はなかったけれど、顔立ちから「ガイジン、ガイジン」とからかわれることもあった。日本人と同じようにネイティブに言葉を話し、日本の文化の中で育っているのに、そもそも祖父も父も自分も日本人の血を受け継いでいるのに、ガイジンと言われてしまう。そこに思い悩み、

「日本人じゃないけど日本人だ、なんてまわりに言ったりしてましたね。スペイン語を話すとガイジンと思われるのが嫌で、ぜんぜん喋らない時期もあったんです。ぜんぶ日本語だけで。いまから思うと、考えすぎだったのかもしれない」

そのためスペイン語が身体の中から抜け落ちてしまう。両親と話すときにも通訳がいるほど

になってしまったという。どうしてわざわざ日本に来たのか、なぜ自分がこんな苦労をしなくてはならないのか。親へのそんな反発もあっただろう。だから思春期の頃、両親との会話はほとんどなかった。

それでも、アキノリさんは父が25年間守ってきた店を継ごうと思った。

「やっぱり、ここまで自分を育ててくれたのは父と母ですから。それに父が身体を壊したことがあったんですが、そのときに、店を潰したくないって思ったんです」

専門学校で料理を学び、都内の店で修業をし、それに両親とまた向き合うためにスペイン語も学び直した。そして晴れて「El Kero」に戻ってきたわけだが、

「料理はいっさいやらせてもらえませんでした」

と思い出して苦笑する。父は厳しかった。最初はずっとホール。接客に徹した。やっと厨房に入らせてくれたと思ったら、まずは皿洗いから。ようやく調理場に立たせてもらうまで2、3年かかったけれど、

「そういう父で良かった。下積みをやらせてもらったのは、いまから思うとありがたいです。すぐに調理をやっていたら図に乗っていたかもしれない」

アキノリさんの得意料理は、先ほど僕が食べたロモ・サルタドだ。これ、実は味つけに醬油を使っている。もともとペルーにあった牛肉料理を、中国系の移民が中国醬油を使ってアレンジしたものが源流らしい。それを日系人の移民たちが、日本の醬油でもってさらに自分たち流に変えていった。いわば移民料理なのだが、これがいまではペルーのソウルフードのようになっている。そんなメニューを、この伊勢崎でアキノリさん親子が出しているというのが面白い。

「僕はペルーで修業したわけでもないし、父と母の味しかわからないけれど、ペルー料理というものをもっと広めたいと思っています」

実際、ペルー料理は日本人の味覚によく合う。とびきり辛いというわけでもなく、食べやすい、親しみやすい味つけだ。だからだんだんと日本人のお客も増えてきた。

「昔はペルー人やブラジル人しか来なかったですよね。それがいまでは4割が日本人、4割がペルー人とブラジル人、あとの2割はほかの国の外国人です」

と、多国籍化の進む伊勢崎を表すような数字になっている。

街では、アキノリさんたち日系ペルー移民の子供たちが社会に出て、活躍する時代になってきた。アキノリさんのようなコックもいれば、会社員も大工もいる。自動車販売とか外国人向け人材派遣などの会社経営をする仲間もいるそうだ。市役所の国際課で「いまはもう2世の時代」と聞いたが、こういうことなのかと思った。

日系人がやってきた90年代よりも、さらに多民族集住が進む伊勢崎。だから「ガイジン」と見られることも、昔より減っているかもしれない。

「どこに行っても風景の中に外国人がいるし、まわりが外国人に慣れているので、偏見の目はあまりないですよね。暮らしやすいっす」

そんな伊勢崎で、アキノリさんは今日も厨房に立つ。

間借りモスクで「いただきます」

「こんどの日曜日は、インドネシアの人たちが来るよ」

また伊勢崎モスクを訪れていたある日、モハンマドさんは言った。近隣で働くインドネシア人たちが、このモスクで自分たちの集まりを持ちたいと相談してきたのだという。

イスラム教はインターナショナルな宗教だ。ふだんから伊勢崎モスクにはパキスタン人だけでなく、ほかのさまざまな国のムスリムがやってくる。その中にはインドネシア人もいる。しかしモハンマドさんの説法は、メイン層のパキスタン人に合わせてウルドゥー語だ。なので自分たちの言葉でも教えを受けたい、と思うのは自然なことなのだろう。

で、このところ周辺地域で増加しつつあるインドネシア人たちもそう考え、モハンマドさんに頼み込んだ。別のモスクからインドネシア人のイマームをつれてきて、まわりの街の工場で働いているインドネシア人たちを集めてお祈りをしたいので、どうか伊勢崎モスクを貸してくれないか……。そんな申し出を、モハンマドさんは快く了承した。

これはいわば「モスクの間借り」ではないか。昼間は営業していない飲食店を使わせてもらってカレーを出す「間借りカレー」なんてのがちょっとしたブームになったりもしたが、伊勢崎では「間借りモスク」なんである。日本人の知らないところで、外国人同士がこうして交流しているのだ。しかも両者のやりとりは日本語なのだとか。なんだか面白そうだ。

当日は東武伊勢崎線で向かったのだが、途中の太田駅からもヒジャブをまとった東南アジア系女子たちが乗り込んできて、同じ伊勢崎駅で降りた。行き先は僕と一緒だろう。彼女たちと前後して伊勢崎モスクに行くと、2階の礼拝所にはすでに10人ほどのインドネシア人が集まっていた。入り口には受付がつくられていて、検温と消毒が行われ、万が一感染者が出たときの連絡網として、住所氏名をノートに記入する。この受付をボランティアでやっているという男

性は、

「いつもは太田の工場で働いてます。群馬は風が強くて寒いです」

なんてぼやきながらも、今日のイベントを楽しみにしていたそうだ。そのゆるい口調とやわらかな笑顔に、なんだかほっとする。ほかの人々も少しずつやってきて、礼拝所の真ん中に置かれたストーブのまわりにネコみたいに集まり、スマホに目を落としたり、のんびり話し合ったりしている。東南アジアのこのまったり感。僕も長年タイで暮らし、東南アジア各地を取材の場、職場としていたことがあるから、実に落ちつく。

やがて栃木県佐野市の佐野モスク（354から北に10キロほどの距離だ）から呼ばれたインドネシア人イマームのもと、お祈りと説法とが始まった。参加したインドネシア人は50人ほどだろうか。広い礼拝所の中にばらばらと座り、インドネシア語の説法に耳を傾ける。カーテンで仕切られた隣室には、女性たちも集まっているようだ。しっかりネット中継までして、参加できない人にもオンラインで場を提供している。

たっぷり2時間ほどの教えを拝聴したあとで、主催者のムハンマド・ザイドさん（30）にお話を伺った。近代史で有名なアジア・アフリカ会議が開催されたバンドンから来日して7年、達者な日本語を話すイケメンだ。

「この集まりは、２０１７年から始めたんです。月に一度やってます」

どうして伊勢崎モスクを「間借り」しているのかといえば、高崎や前橋、太田に暮らすインドネシア人が最近では増えてきているため。留学生もいるが、ほとんどは工場や建設現場、介護といった現場で働く技能実習生たちだ。彼らは給料が安く、クルマもない。移動は電車だ。

だから高崎、前橋、太田の中心にあり、それぞれ電車で1本の伊勢崎が集まりやすいのだとザイドさんは言う。太田や高崎にもいまではモスクがあるが、インドネシア人のイマームがいるのはこのあたりでは栃木の佐野だけだ。そこで、佐野からイマームを、場所は伊勢崎を拝借して、この催しを行っているという。

「インドネシアでは近所にモスクがあって、いつもそこでお祈りしていました。生活の中で必要なことなんです。今日は奥さんも一緒に来ています」

ザイドさん自身は技能実習生ではなく、一般の社員、エンジニアとして、太田市で働いている。生産現場の管理を任されているそうだ。

「考え方や、文化の違うところで暮らして、視点を広げたい、向上したいと思ったんです。だから日本に来ました」

ザイドさんのような高いスキルを持った外国人材も増えてきてはいるが、まだまだ少数。北関東で暮らすインドネシア人たちは技能実習生が大半を占める。彼らは群馬のこの地域では、いわば第3世代の外国人労働者といえるだろう。まずパキスタンなど南アジア・中東の人々、次にブラジルやペルーの日系人、そしてインドネシアやベトナムなどの技能実習生——東南アジアから来た彼らは、今度はバブルの好景気ではなく、少子高齢化による人手不足にあえぐ日本が、新たに呼び寄せた労働力というわけだ。

しかし技能実習生は昨今問題になっている通り、ちっとも「技能」の「実習」ではなく実態は単純労働で、低賃金やパワハラが横行していることでも知られる。いま伊勢崎モスクでお祈りのあとにダベっている彼らは僕にも屈託なく話しかけてきてくれて、

「今日の様子をＹｏｕＴｕｂｅにアップしたいんです。コメントいいですか」

なんて逆に取材されてしまったりしてなかなか和やかな雰囲気ではあったのだが、職場ではどうなのだろうか。みんな「楽しく働いてます」と言うが、本音のところはわからない。東南アジアの人々は、つらさや悲しさをあいまいな笑顔で隠す日本人っぽいところもあるからだ。彼らの言葉通り、楽しくやれていればいいのだが、と思った。

最後にモハンマド先生も参加したお祈りのあとは、食事の時間となった。礼拝所の絨毯を汚さないようにビニールシートを敷き、あらかじめ用意した料理が紙皿に盛りつけられる。

「みんなで一緒に食べましょう」

ムスリムでもなんでもない僕にもふるまわれる。本日のメニューはフライドチキンと卵焼き、それに大豆を発酵させて固めた「テンペ」という伝統食品だ。「インドネシアの納豆」なんて呼ばれることもある。これをほぐして甘辛く炒めた一品は、とりわけご飯によく合う。20代、30代が多く、みんなもりもり食べている。費用はみんなの寄付で賄ったものだ。

ふしぎであるのは、この若者たちがせっかくの日曜日に遊びにも行かずモスクに集まって、説法を聞いているということだ。

「それは、ココロの話ですね」

ザイドさんは言う。

「僕たちはずっと、インドネシアでは近所のモスクに行くことが習慣でした。日本に来ても、できればその生活をしたい。でないと、やっぱり寂しいなと思う」

モスクは単に教えの場というだけでなく、地域の寄り合い場、社交場なのだ。そしてここは、友達をつくる場でもあるという。

「もし、こういうところがなかったら……日本語でなんて言いますか、ｅｍｐｔｙ」

「空っぽ？」

「そうそう、その空っぽ、どう埋めればいいかわかりません」

将来的には伊勢崎近辺に、インドネシア人イマームの常駐するモスクをつくりたいのだと、彼らは言う。

伊勢崎は、３５４沿線の外国人集住地域を象徴するような街でもあった。南アジア・中東系から南米の日系人、そして東南アジアへと移り変わる労働者の流れ、工業との関わりは、北関東一帯に共通するものでもある。

さて、少し東に進んでみよう。次なる目的地は「リトル・ブラジル」大泉だ。

第二章　太田・大泉　よそものたちがつくった街

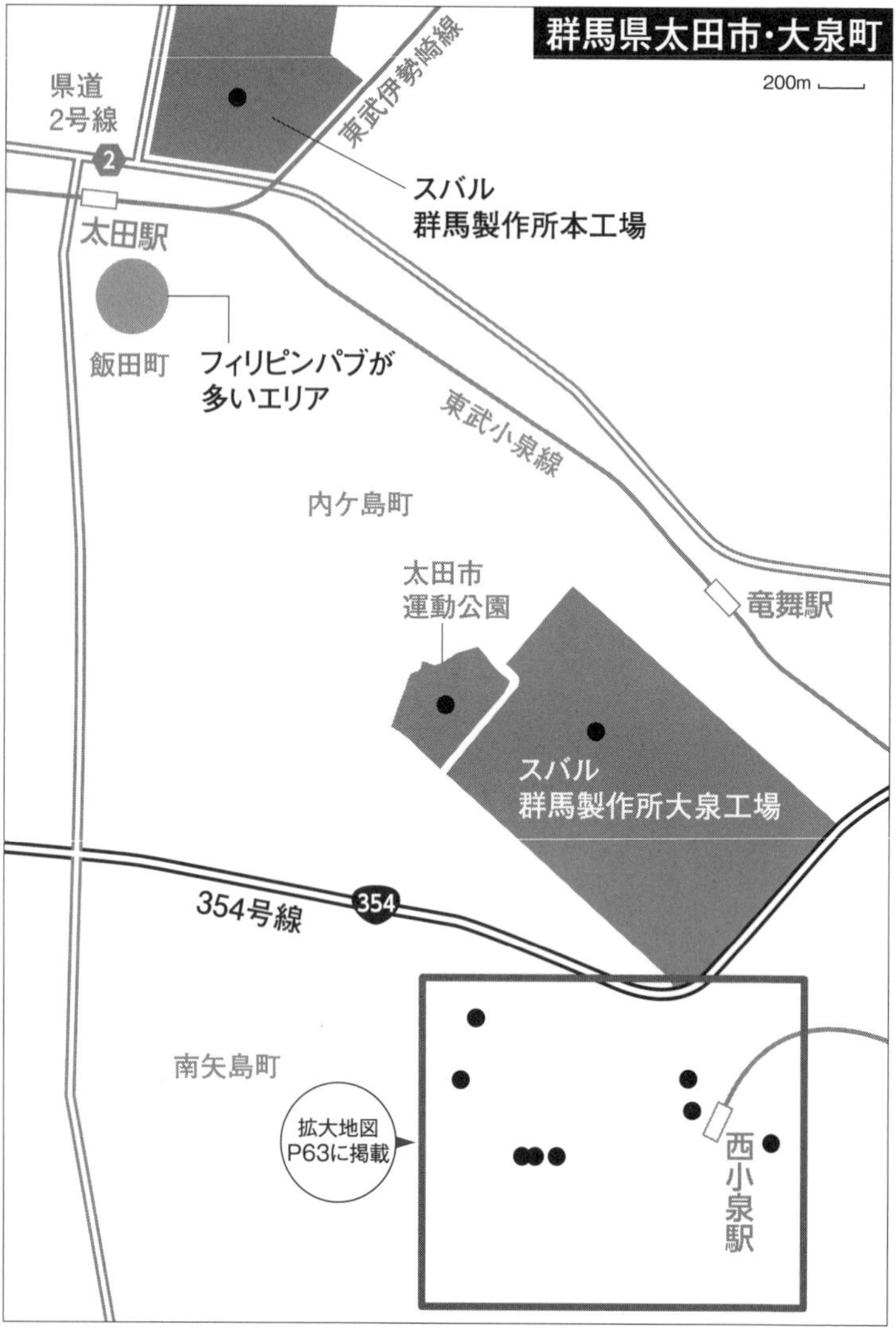
群馬県太田市・大泉町
200m
県道
2号線
2
東武伊勢崎線
スバル
群馬製作所本工場
太田駅
飯田町
フィリピンパブが
多いエリア
東武小泉線
内ケ島町
太田市
運動公園
竜舞駅
スバル
群馬製作所大泉工場
354号線
354
南矢島町
拡大地図
P63に掲載
西小泉駅

いざ、リトル・ブラジルへ

伊勢崎を出て、354を東へ走っていく。空が広い。高い建物もなく、畑や民家が広がる。すぐに境に入るが、ここにも古いモスクがある。伊勢崎モスクはパキスタン人を中心としたコミュニティだが、境のほうはバングラデシュ人が多い。やはり労働者として急増してきたムスリムの人々のため、1997年（平成9年）に建てられたものだ。

さらに354を走り、国道17号線の高架を潜り抜けると、そこは太田市だ。群馬県南東部の産業の中心地だけあって、工場が多い。それに倉庫も目立つ。生産拠点というだけでなく、354を介した物流センターとなっているようだ。そこでも外国人が働いているのだろうと想像しながら、クルマを走らせていく。「とりせん」や「朝鮮飯店」といった地場のスーパーマーケット、レストランが立ち並ぶロードサイドをかっ飛ばせば、いよいよ大泉町だ。「移民街道」ともいえる354の中でもとくに外国人が集住しており、受け入れの歴史も古い。とりわけブラジル人が多いことから「リトル・ブラジル」「サンバの町」とも呼ばれてきた。その根幹となってきたのは、街の北側、354の左手に広がる自動車産業の巨人、SUBARU（スバル）の大工場である。そのゲートから南に走っていくと、小さな駅舎が見えてくる。このあたりでクルマを降りて、大泉の街を歩いてみよう。

スーパーの中はブラジルだった

東武鉄道・小泉線の終着、西小泉駅の駅舎は、ブラジルの国旗と同様、イエローとグリーンを基調にカラーリングされていた。2両編成の列車を降りてきた乗客の、半分くらいは外国人だろうか。ラテン系の顔立ちが目立つ。

駅を出てすぐ南、県道142号線沿いにはブラジルの食材店があった。ブラジルのお菓子を紹介するポスターが貼られている。向かいには年季の入った日本の八百屋が佇んでいるが、野菜や果物の値札にはすべてポルトガル語も併記されている。店のおばあちゃんと外国人が、なにやら日本語でやりとりしていた。

「細かいのがないな」「いいよいいよ今度で」

そんな話が聞こえてくる。店の前を自転車で通り過ぎるやはり南米系の女性が、手を振っておばあちゃんにあいさつをしていた。

そこから少し西に歩くと、142号の南北を「グリーンロード」という商店街が貫いている。この周辺にブラジルやペルーをはじめ、さまざまな国のレストランが点在していて、歩くのが楽しい。ブラジル原産のフルーツ、アサイーのドリンクを出すカフェや、カトリックの教会もある。日本最古のブラジル料理店「レストラン・ブラジル」も、この並びだ。ドラマ「孤独のグルメ」にも登場したことで人気になった。夜になればブラジル人やペルー人の集まるバーにネオンが灯る。

さらに142号を西に5分ほど歩けば、ブラジル食材の大型スーパー「TAKARA」「キオスケ・シブラジル」が並ぶ一角に出る。このあたりがブラジルコミュニティの中心地といえるだろうか。

「ＴＡＫＡＲＡ」の店頭にはブラジル銀行の移動店舗車「BB Móvel」が停車しており、テーブルを広げている。故郷に送金する窓口なのだろう。店内に入ってすぐの場所にあるラックには、在日ブラジル人に愛読されているポルトガル語フリーペーパー『alternativa』最新号がずらり。一冊もらってみる。巻頭特集をスマホで訳してみると、在外投票に関するものだった。大統領選挙が予定されているのだ（ちなみに大泉取材後の２０２２年10月に行われたこの在外投票、まるでお祭りのように盛り上がったらしい）。広告には求人情報が満載で、群馬を中心に日本各地の工場の時給がでかでかと躍る。どれも派遣会社のものだ。ほかの広告は中古車やレストラン、翻訳サービス、ポルトガル語の通じる美容院や動物病院など。眺めているとコミュニティの様子が伝わってくる。

そして店の中はもうブラジルだ。主食の豆はさまざまなブランドが積まれ、お菓子や酒、調味料、さらに洗剤や化粧品も現地産だ。スゴいのは肉の種類と量であろう。牛肉メインにさまざまな部位のものが、キロ単位でパックされて並ぶ。ぐるぐるに巻かれたソーセージ、太ももみたいなハムと、いちいちでっかい。ブラジル人の体格と、それから大家族ならではのボリュームだ。店頭の商品だけでなく、「この肉のどこそこを何グラム」みたいな感じで注文し、切り分けてもらっているお客もけっこういる。そのたびに笑顔で世間話を交わす。冷やかしの僕にだって、日本語で「今日はイチボが安いよ」なんて声がかけられる。商店街の肉屋みたいだと思った。また店の中にはベーカリーもあって、焼きたてのパンの香りが漂い、なんともたまらない。おもわずポンデケージョ（チーズを練り込んだパン）を買ってしまう。このベーカリーと肉屋は、「ＴＡＫＡＲＡ」だけでなく大泉やそのほか日本各地にあるブラジルスーパーでも必ず充実していて、彼らのパンと肉に対する深い愛とこだわりを感じるのだ。

会計をしていると、かたわらではしゃぐお客の子供を、店員のおばちゃんが全力であやしていた。売り手と買い手の距離が近い。現地もこんなノリなのだろうかと思った。

「この『ＴＡＫＡＲＡ』ができたことで、まわりにもブラジルの店がどんどん増えていったんですよ」

そう教えてくれたのは、平野勇パウロさん（43）だ。日系3世のブラジル人である。大泉には１９８９年にやってきて、それから30年以上も街の移り変わりを見てきた。やわらかで控えめな印象の顔立ちは、日本人と変わらない。それもそのはず、パウロさんの祖父母は熊本生まれの日本人だ。そしてブラジルに新天地を求め、海を渡ったのだ。

伊勢崎を歩いた第一章ではペルーに移民した日本人に触れたが、ブラジルを選んだ日本人はさらに多かった。その子孫が日本に帰ってきて、いま大泉にもたくさん暮らしている。「ブラジルタウン」といっても、そこに住むのはほとんどが彼ら日系人なのだ。だから日本人そのままの顔や体格という人も、日本式の名前という人も多い。父母のどちらかや配偶者がブラジル人の場合もあるし、そのため街ではラテン系の顔も見かけるが、ルーツは日本にあるという人が多い。国籍はブラジルでも、流れているのは日本人の血。ここ大泉は、そんな日系人と、日本人とが、互いに苦労して歴史を紡いできた町だ。

『週刊少年ジャンプ』で夢見た日本

はじまりは１９０８年（明治41年）のことだ。７８１人の日本人移民を乗せた「笠戸丸」が、神戸港を出港した。ブラジルが日本人を受け入れた背景としては、農業労働者の不足があった。奴隷制度を廃止したこともあり、おもにコーヒー農園などの大規模プランテーションで働く労働力を求めていた。ペルーと同じように、外国人労働者の需要があったのだ。一方で日本はまだまだ貧しく、「海外出稼ぎ」に活路を見出す人も多かった。日露戦争後の不況がそれを後押しする。関東大震災後には、被災者や生活困窮者の南米移住を国が奨励し、補助金も出した。失業対策、生活支援として、国策として移民が行われてきたのだ。第二次大戦になるとブラジルはアメリカに同調して連合国の一員となったため、敵国である日本の移民たちはずいぶん迫害も受けてきたが、戦後になるとまた移民は再開。焼野原となった日本に見切りをつけてブラジルを目指す人もたくさんいた。とりわけ激しい戦闘の舞台となり、荒廃した沖縄からの移民が多かった。

こうしておよそ１００年の間に、26万人の日本人がブラジルに移り住んでいった。そして世代を重ね、いまでは２００万人の日系人がブラジル社会の中で暮らす。パウロさんもそのひとりとして、サンパウロに生まれた。

「日本人コミュニティの中で育ったので、自分がブラジル人という感覚はあまりなかったんですね」

日本語は話せなかったものの、生活を取り囲む文化は日本だった。だいぶ遅れて日系書店に届く『週刊少年ジャンプ』が待ち遠しかった。「北斗の拳」や「ドラゴンボール」や「シティーハンター」に夢中になった。僕と同じくジャンプ黄金時代の読者なのである。

「日本語は読めないけれど、絵を見る楽しさがありました。ブラジルの漫画に比べてずっと面白かったんです」

だから、家族で日本に行くと聞いたときはわくわくしたという。すぐに思い浮かんだのは「ドラゴンボール」の初期の場面だ。主人公の孫悟空がレッドリボン軍との戦いの中で、雪の降り積もるジングル村へとやってくるところ。日本もあんな感じで、たくさんの雪が降る国だと聞く。これから自分は漫画を通じてたくさんのことを学ばせてくれた、祖父母の故郷へと向かうのだ。

日本行きの理由は出稼ぎだった。1980年代後半のブラジルはハイパーインフレに喘いでいた。経済は混乱し、モノの値段は毎日上昇していった。魚屋を営んでいたパウロさんの父の売り口上は「今日買っとかないと、明日はいくらになるかわからないよ!」だったという。

ちょうどその頃、日本はバブルに沸いていた。だがその好景気を足元で支えていた製造業の現場は「3K」だと見向きもされなくなり、仕事は山のようにあるのに人手が足りない。そこを埋めていたのがパキスタンやバングラデシュなど南アジア・中東系の人々だ。しかし彼らは当時、ビザなしの観光目的で入国し、そのまま働いてしまうという、つまり不法就労が大半だった。異国で働くためにはそれなりの手続きや許可が必要なのだ。そのへんをすっ飛ばして違法に就労していたが、それでも必要な労働力だと黙認されてきた。地域を支える町工場に欠かせない労働力だったからだ。ここ大泉でも、そんな労働者がたくさんいたそうだ。

しかし、次第に増えていく彼らの姿に不安を覚える日本人住民も出てくる。労働事故が起きても、社会保険のない彼らにはなんの補償もない。さまざまなトラブルが全国的に目立ちはじめるに及び、日本政府はひとつの決断をする。1989年に入管法（出入国管理及び難民認定法）を改正し、日系2世と3世、その配偶者が、日本に住み就労できる「定住者」という在留資格（ビザ）を取得できるようにしたのだ。さらに不法就労の外国人を雇った場合、刑事罰が科されるようにもなった。こうして非合法の労働力を切り捨て、合法的な移民を受け入れる方向へと舵を切った。

このあたりは第一章でも触れた通りだが、この法改正によって北関東の、354沿線の光景は一変した。南アジア・中東系の人々がいっせいに姿を消し（一部は日本人と結婚するなどして正規の在留資格を取得し、コミュニティを築いていった）、代わりにおもにペルーやブラジルなど南米からやってきた日系人の姿が目立つようになったのだ。とりわけ大泉は、町をあげて日系人の誘致に動いた。それだけ製造業で働く人材を欲していたのだ。

パウロさんはそのまさにいちばん初期、1989年に大泉の地を踏んだ。10歳の頃だった。父の職場となったのは、スバル（当時は富士重工業株式会社）とともに地域経済を担うパナソニック（当時の三洋電機）関連の工場だ。

「街にはまだまだブラジルの人は少なくて、それっぽい人を見かけるとよく声をかけていました」

お前も来たのか、いろいろたいへんだな……そんな話を父とほかのブラジル人が話していたのをパウロさんはよく覚えている。

そう、そこからが日系人も、大泉の街もたいへんだったのだ。

ブラジルにいるころは自分のことを日本人だと思っていたパウロさんは、日本に来て学校に通いはじめると「ブラジル人、ガイジン」と疎外された。これは多くの日系人が体験したことで、日系2世の幕田マリオさん（49）も同様だ。出稼ぎというよりも、父祖の地を見たい、いったんブラジルに移民してきたものの日本に帰っていった祖父に会いたいという気持ちで日本にやってきた。太田にある積水ハウス関連の会社で壁の組み立ての仕事をしていたが、同僚の日本人からはことあるごとに名前ではなく「ガイジン、ガイジン」と呼ばれた。社員旅行や忘年会は「ガイジンさんは行かないよね」と、はじめから拒絶された。幕田さんが述懐する。

「僕はブラジルにいたとき、日本料理を食べていたんです。福岡出身のおばあちゃんが、味噌や豆腐、餅とかを家でつくってくれて。おばあちゃんとの会話は日本語だったし、両親も日本人で、自分のことは日本人だと思っていたんです。でもね、日本にやってきて、自分がガイジンだってわかった。それがショックだった。アイデンティティがなくなった」

ずっと憧れていた先祖の国、自らのルーツがある国の、それが現実だった。

一方で、大泉の人々も困っていた。街にやってきたのは日系人といっても、彼らが育ってきたのはブラジルの社会だ。文化や生活習慣はだいぶ違う。そこに戸惑った。ごみ捨てのルールを守らない人も多かった。なにかにつけてパーティーをする文化はなかなか楽しいけれど、深夜の騒音に悩むこともたびたびだ。ブラジル人の習性か、ついついはじめてしまう屋外でのバーベキューにも苦情はつきものだ。学校では日本語のわからない子供たちをどう受け入れるべきか揺れた。学校になじめず、グレる子も出てくる。パウロさんが言う。

「少しずつ日本語がわかるようになってくると、まわりの日本人の噂話が聞こえてくるんです。近所のブラジル人と揉めた、もういやだとか」

日系の移民たちも、受け入れる側の日本人も、軋轢の中で苦しんだのだと思う。それでもブラジルから「逆移民」してくる日系人は増え続けた。当初は誰もが2、3年の出稼ぎのつもりだったというが、ブラジルの不況もあって次第に定住化が進む。1996年には西小泉駅のそばに「ブラジリアンプラザ」が登場、レストランや美容院、レンタルビデオ店、国際電話の会社などが入り、関東各地で働く日系ブラジル人の憩いの場として有名になったことで、大泉はだんだんとブラジルタウンとして知られるようになっていく。この年、大泉に住むブラジル国籍の人は3273人となった。10年前の1986年には誰ひとりいなかったブラジル人が一大勢力となったのだ。ペルー人などほかの国と合わせると外国籍は4303人で、街の総人口の10・3%に達した。

それでも、なかなか住民同士の交流は進まなかった。

1991年から、毎年夏の「大泉まつり」にはブラジル名物のサンバパレードを開催するようになり、メディアにもたびたび取り上げられて街の名物ともなったが、「観客はよその地域から来る人ばかり。地元の人は見向きもしなかった」と語る住民もいる。外部からの観光客で賑わうイベントに成長したが、あまりにも盛り上がりすぎてケンカなどのトラブルも増え、また「なぜ外国人にお金をつぎ込むのか」という意見も多く、2000年を最後に中止となってしまった。

きっかけはリーマンショック

そんな街が変わるきっかけとなったのは「間違いなくリーマンショック」とパウロさんは言

う。２００８年のことだ。アメリカ発の世界的な金融危機によって製造業は大打撃を受けた。その大波は大泉も直撃する。世界規模の需要減によって、富士重工業も三洋電機も、そのほか群馬のこの地域にある製造関連の会社は、軒並み大幅な減産となったのだ。当然、大泉や太田に点在する下請けの工場群は仕事がなくなる。そこに勤めていた日系人たちは次々とクビを切られた。外国人は正社員ではなく、ほとんどが派遣社員だったから、立場が弱いのだ。景気の動向に合わせてまずコストカットの対象となる。雇用の調整弁というやつである。幕田さんは言う。

「大泉のブラジル人の、8割か9割が無職になったんじゃないかな」

住む場所を失い、公園や河川敷でホームレスになるブラジル人もいたし、子供もふたり餓死した。あまりの事態に日本政府は「日系人離職者に対する帰国支援事業」を開始。帰国する日系人本人に30万円、その扶養家族に20万円を支給するこの制度を利用して、たくさんの日系人が日本を後にした。しかし支給を受ける条件は「日本への再入国をしないこと」。それは「手切れ金を渡すから、出て行って二度と帰ってくるな」と言うに等しいものだった（だが２０１３年、今度は少子高齢化による人手不足が顕著になると、日本政府はこの措置を撤回。帰国支援事業を使って帰国した日系人の再入国を認めた）。

全国で約2万人の日系人がいっせいに帰国し、大泉もずいぶんと寂しくなった。それでもこの国に残った日系人が考えたのは「日本人ともっと手を取り合わないと」ということだった。パウロさんが振り返る。

「それまでは、工場でもそこそこ稼げたし、自分たちのコミュニティの中だけで、日本人と交わらなくてもやっていけたんです。でもリーマンショックがあって、それではいけないと」
そんな気持ちは日本人も同様だった。大泉や太田の工場では、日本人だってたくさん働いているのだ。苦しいのは一緒だ。そう感じて、歩み寄る機運が出てきた。たとえば日本の店では、ポルトガル語の表記を出したり、反対にブラジルの店では日本語のメニューを用意するような空気が、なんとなく生まれてきた。お互いをもっと商売相手にしていこう、というわけだ。必要に迫られて、だったかもしれないが、顔を合わせているうちに新しい交流も生まれてくる。

そして2007年に発足していた大泉町観光協会が、その流れの中で、ブラジルの食や文化を「街の名物」として前面に押し出しはじめる。全国的にも珍しい「移民を観光資源としてアピールする街」になったのだ。製造業のほかにも、街に産業をつくりたいという思いもあった。サンバパレードのような年に一度の祭りではなく、いろいろなことはあったが街が育んできたブラジルと日系人の文化を、見に来てほしい。だから大泉の観光マップには多国籍なレストランや食材店がびっしりとちりばめられ、僕たちのような異国文化を愛するファンにとってはたまらない。YouTubeチャンネルだってあるし、ブラジリアンプラザの中にある観光協会には、街の歩みを伝える資料の展示や、移民・日系人関連の資料館もあって、これが貴重な資料たっぷりで充実している立派な観光施設なんである。観光協会には日本人もブラジル人も加わり、ともに運営をしている。2014年のサッカーワールドカップや、2016年のリオデジャネイロ・オリンピックのときには、「共生のまち」としての情報発信も行った。

そしていまでは、日本で育った世代が地域を支える立場になりつつある。そのひとりであるパウロさんは、リーマンショック後の2009年に独立し、太田市内に自らの会社を設立。多言語でのデザインや、ウェブサイト制作を行っている。幕田さんはブラジル銀行や広告代理店を経て、いまは不動産関連の仕事をしつつブラジル関連のセミナーや講演会、ワークショップなどを手がける。苦労をしてきた子供たちの中から、起業家も生まれてくる時代になったのだ。

商店街で長く店を営む、ある日本人の女性が言う。

「あたし、感心するのよ。うちの近くにもいるけど、外国から来てさ、店舗を借りて商売してでね。大変なことだと思うの。漢字が難しいなんて言いながら言葉も勉強して。働いて家を建ててさ。見習わなくちゃって思うよ」

その言葉通り、いまでは自宅を構え、落ち着いた家庭を築く日系人が多くなった。文化の違いから来るトラブルも、差別も、ずいぶんと少なくなったという。もちろん、異なる価値観が共存している以上、細かな問題はこれからもいくらだって出てくるだろう。それは僕の住む東京・新大久保と同様だ。それでも、30年にわたって衝突も交流も、さまざまな形でコミュニケーションを続けてきた大泉からは、ある種の安定感のようなものも感じられた。

映画の舞台は354

さて、現在の大泉のメインストリートといえる通りは、前述したように駅の南を走る県道142号だ。少し西に歩けば「TAKARA」などブラジルの店がいくつか並ぶ場所に出る。もともとは駅の東にあるブラジリアンプラザにたくさんの店が集まっていたのだが、いまでは142号のほうにコミュニティの中心は移っている。

「昔はこの道、舗装もなくてね。赤城颪《おろし》が吹くと、土煙がもうもうと舞ったもんだよ」

地元の古老は言う。アーケード商店街だった時期もあったそうで、いまよりもたくさんの店や家が並んでいたという。

「それが、商売やってる人はどこも後継者がいないでしょう。商店街はどんどん歯欠けになって、デパートもあったんだけどなくなっちゃって。子供たちは進学した先で就職して、家庭を持つしね」

それは日本の地方のどこでも同じ現象だった。こうして少しずつ街から賑わいが失われていく。ただ、北関東の場合はその空いた店舗に、外国人が入っていく。そしてかろうじて、活気を保っている。そんな場所も多い。大泉の場合はブラジルやペルーのレストランや食材店、カフェ、送金会社や外国人相手の派遣会社、美容院やタトゥーショップなどが142号沿いに点在している。

そして実は、この県道142号線が、かつては国道354号線だった。道路が国道から県道へと変わったのだ。そこにはこんないきさつがある。

1960年代のことだ。354は群馬東部を貫く「東毛《とうもう》広域幹線道路」と指定され、物流を担う動脈として整備が続けられてきた。やがて工事が進み、街の北側、スバル大泉工場に隣接して南を走る道路が広々としたバイパスとして流れるようになり、2014年にそちらが「国道354号線」として指定され直したのだ。国道というのはこうしてルートが変わることもあるのだが、2014年の変更直前に「旧354」つまり「現142」すなわち駅南の大泉メインストリートを舞台に撮影された映画がある。『サンゴーヨン☆サッカー』だ。

この本の取材を思いつき、あれこれと下調べしてるうちに、メインテーマである354そのものをタイトルとした映画を発見したときには驚いた。もちろん描かれるのは354を舞台に、サッカーを通じて描かれる日本人とブラジル人の交流だ。そして映画のエキストラとして、大泉の住民が日本人もブラジル人もおおぜい参加したのだという。地域を盛り上げるために、市民が主体でつくりあげる「まち映画」というやつだ。

これはぜひ観たい！　と思って探してみると、アマゾンプライムビデオの中にばっちり入っていた。「TAKARA」で買ったブラジルのお菓子とブラジルコーヒーを用意してさっそく観てみると、物語は日本人の中学生の女の子のつぶやきからはじまった。ポルトガル語の問いかけに対して彼女は、

「ごめんなさい、なにを言っているのかわからない」

そう冷たく返すのだ。彼女は大泉の街でブラジル人たちが集まりテレビでサッカー観戦している様子を、どこかつまらなそうに、うつむいて眺める。それはもしかしたら、街の日本人の感情を映し出した姿なのかもしれない。そこに、日本人とブラジル人がサッカーによって交流するイベントが開かれることになる。なんと354を封鎖し、道路をスタジアム代わりに試合をするのだという。ブラジルのストリートサッカーに想を得たものだった。彼女はいやいやながらもその開催に向けて協力することになるのだが、参加者募集のチラシを手に街を歩くうちに、気持ちが少しずつ変わっていく――。あとのお話は実際に映画を観てほしいのだが、企画を手がけたプロデューサーの宮地克徳さん（52）にお会いすることができた。宮地さんも大泉の生まれだ。

「映画に興味があったわけではないのですが、まち映画に取り組んでいる監督さんと知り合っ

たことがきっかけです」

住民として、地域を盛り上げたいという気持ちは持っていた。大泉は「共生のまち」なんて言われるけれど、実際のところ日本人とブラジル人にそれほど交流がないことは、住んでいればわかる。それでも、リーマンショックを機に風向きも変わってきたし、多文化を観光資源にしようと観光協会も動き出した。ワールドカップでは日本人とブラジル人が一緒に応援するようにもなった。それなら、映画もやってみたらどうだろう。宮地さんはそう考えた。舞台はもちろん、メインストリートの354だ。

「地元のお祭りといえば昔から354です。外国人だってみんな〝サンゴーヨン〟って呼んでますしね」

ブラジル人の中には〝サンゴーヨン〟の意味が分からず、サンパウロが「聖パウロ」というキリスト教の聖人の名前がもとになっているから、〝サンゴーヨン〟も「聖ゴーヨン」という偉い人にちなんでいるのかもしれない……なんて誤解していた人もいたようだが、彼らも巻き込んで映画づくりがはじまった。たいへんだったのはやはり、354を封鎖してサッカーをするシーンだった。日本人とブラジル人が入り混じる作品のハイライトともいえる場面だが、出演しているのはほぼ大泉の住人だ。

「エキストラ希望者は撮影当日に集まってほしいと、申し込みは取らずに出たとこ勝負でやってみたんです」

地元紙や町の広報、観光協会、フェイスブックなどを通じて告知したところ、350人ほどの町民が集結。それに354を封鎖するために必要な、近隣でのクルマの誘導などのボランティアにも、おおぜいの日本人、外国人が手を挙げた。そしてほとんどカーニバルのようなシーンの撮影が行われたのだ。

「カメラが回っていないときに、エキストラの人たちが日本人も外国人もなく、あちこちで一緒に記念写真を撮り合っているんです。それだけでも、やってよかったと思った」

２０１５年に完成した映画はポルトガル語の字幕を乗せて、地元太田や高崎の映画館などで封切られ、盛況となった。その後も、日本とブラジルの交流イベントなどを行っている日伯協会や、ヨコハマ・フットボール映画祭、あいち多文化映画祭など各地でもたびたび上映され続けている。

ちなみに映画には、パウロさんも重要な役どころとして登場している。街の人たちをどんどん出演させるから「まち映画」なのだが、これがシロウトとは思えない好演なのだ。そのあたりを突っ込んでみると、

「いやー、恥ずかしかったですよね。（映像を見返すと）自分はこんな話し方してるんだとか、へんなクセがあるなーとか発見してしまって……」

と照れ臭そうだ。宮地さんとはもともと、子供の幼稚園が一緒の「パパ友」だったという。とはいえ、あまり話すこともない間柄だったのだが、映画を機に関係は深まった。宮地さんが言う。

「正直なところ、この映画をつくったから街で日本人と外国人の交流が深まったとか、そういうわけでもないと思うんです。でも、僕自身は、パウロさんと友達になれた。少なくとも、僕たちの間でいい関係はできた」

それはエキストラとして集まった人々の間でも同じなのだろう。いくつかの出会いがきっとあったはずだ。パウロさんは、

「この映画をつくってくれて本当に良かったって、僕のまわりのブラジル人は喜んでいるんです」

と呟いた。

「よそもの」たちがつくってきた街

ところで宮地さんのご実家は、造園業を営んでいる。もともと大阪の出身なのだという。それがなぜ、群馬のこの場所にやってきたのかといえば、

「三洋電機についてきたんですよ」

と話す。当時、三洋電機株式会社（現パナソニック株式会社）は、大阪に本社を置きつつ大泉に進出してきた。１９５９年（昭和34年）のことだった。翌年からエアコンの生産を開始するが、巨大な工場ができるということは、部品を供給するサプライヤーも必要になるわけで、そうした工場や中小の会社もまた、大阪からたくさん大泉に移転してきた。宮地さんの親は、三洋電機敷地内の緑地整備を請け負っていたため、やはり大阪から拠点を移したのだという。家電の生産だけでなく周辺の産業まるごと、大阪からやってきたのだ。

「だから、昔はよく関西弁が聞こえたものです」

高度経済成長期には、団塊の世代の青年たちが東北地方をはじめ日本各地の農村から大泉に働きに来るようになった。その頃の三洋電機大泉工場の会社としての名称は「東京三洋電機株

式会社」だったから、希望あふれる金の卵の中には「俺は東京で働けるんだ」と誤解して、来てみれば群馬のイナカだった……なんて笑い話もあったようだが、彼らもやがて街になじみ、家を買って、定着していく。大泉は「よそもの」たちがつくりあげ、育ててきた街でもあるのだ。

その性格は、100年ほど前から培われてきたのかもしれない。

1917年（大正6年）のことだ。海軍を退役した中島知久平《ちくへい》が、出身地の太田に飛行機研究所を設立した。これからは航空機が活躍する時代が訪れると考えたためだ。この研究所は1931年（昭和6年）に中島飛行機株式会社となり、戦時中は戦闘機の開発と生産にあたった。戦局の激化にともない、戦闘機の増産が求められるようになると、さらに大規模な工場が建設され、そこで働く労働者が全国から集められた。学徒動員の学生もたくさんいたそうだ。戦争末期には6万8000人の従業員が飛行機やエンジンの生産にあたったが、彼らの暮らす寮が現在の太田や大泉にはたくさんできた。「よそもの」が大挙してきたというわけだ。

そんな従業員の中には、日本の統治下にあった台湾や朝鮮の人々もおおぜい含まれていた。やがて敗戦を迎えると、中島飛行機は米軍に接収され、今度はアメリカ兵たちがやってくる。戦中・戦後の頃から、この地域には外国人が多かったのだ。

そして中島飛行機の跡地から米軍が撤退した場所の再開発がはじまる。1953年（昭和28年）、中島飛行機を前身とする富士重工業株式会社（現スバル）が設立され、街の北側の跡地で操業を開始した。生産するのは戦闘機のエンジン開発の技術を活用した、自動車やバイクだ。1958年には「スバル360」を発売。大衆車として大人気となり、「マイカー」という言葉を日本社会に流行らせた名車と、いまでも語り継がれている。

また１９５９年、街の南側には三洋電機を誘致した。このふたつの企業とその関連工場で働くため、太田や大泉にはまた労働者が流入してくる。ほかの企業も近辺に工場を構えるようになり、ここ群馬南東部は製造業の拠点として栄えていく。

この流れに乗って、１９８０年代には南アジア・中東系の人々が集まり、それが日系人に置き換わっていった……とまあ、こんな歴史があるものだから、この地域の人々は「よそもの」に寛容という素地があるのだろう。摩擦がありつつも外国人を受け入れてきたのは、「自分たちも、もとは出稼ぎだった」「親がよそもので苦労してきた」という共感が、どこかにあったからではないだろうか。

お客は日本人とフィリピン人とブラジル人とペルー人

東武鉄道の太田駅は、小さいながらもターミナルだ。大泉町に至る小泉線、東西に伸びる伊勢崎線、さらに北に向かう桐生線と、３つの路線が乗り入れる。駅のすぐ北には、スバルの群馬製作所・本工場がそびえ、「スバル」の看板が天守閣のごとく輝く。その敷地の住所はなんと「群馬県太田市スバル町１－１」。太田市のほうから申し出てこんな町名になったというが、ブランド名がそのまま住所になってしまったという、まさに城下町なんである。

ちなみにそのスバル町のそば、駅の北口にはハラルショップがあって、一帯の多民族ぶりを想像させる。スバル町のすぐ西にある教会では、日本語のほか英語・スペイン語・ポルトガル語、さらにベトナム語でもミサが行われ、司祭はガーナ人という多国籍さだ。

そう、太田や大泉に暮らす外国人は、日系のブラジル人やペルー人だけではない。このあたりなら外国人でも仕事が見つかる、食っていけると、さまざまな国の人々が流入してきた。

それが夜の街でも見て取れる。駅の南側にはいかがわしいお店がダーッと並び、夜になるとギラついたネオンに満ち満ちて、客引きのお兄さんが「さ、どすか」なんて声をかけてくる。店のかなりの部分が、フィリピンパブである。工業団地や港湾のそばにこうした場所が現れるのは古今東西どこも同じだろう。とはいえバブル以降の「失われた30年」にコロナ禍が追い打ちをかけ、昔に比べるとずいぶんさみしくなってしまったらしい。

フィリピンパブに入るほどの予算もなければ肉食でもないので、フィリピン料理を出すカラオケレストランのドアを開けてみると、これが大盛況なんであった。日本人のおじさんもいれば、ラテン系のアニキも、家族連れもいる。フィリピンの歌だろうか、カラオケの爆唱が響く。ボディコン姿のセクシーなおばちゃんに「狭くてごめんね」と案内されたカウンターの隣席は、近くの工場で働いているというフィリピン人のおじさん3人組だった。

この日はちょうど土曜日、週末ビュッフェということで、1500円でなんでも食べ放題。店の自慢の豚の丸焼きレチョンは皮をカリッと焼き上げていておいしい。酸味のあるスープ・シニガンや、鶏肉のアドボ（煮込み）なんかをもりもり食べていると、声がかけられた。

「太田の人ですか？」

さっきのおばちゃんだった。手が空いたときにはこうしてお客の相手もするらしい。「いえ東京で」なんて答えると、「わたし名古屋の栄のパブにいたんだけどこっちに移ってきてね」「お客さんは常連が多いの、みいんなクルマ関係」「昔はこのへんもっとたくさんお店があったんだけどねえ」なんて聞いてもいないのにあれこれ教えてくれては、けらけらと笑う。なんだか南国の太陽の下にいるような気分になってきた。

「ほかのお客さん、いろんな人がいるよね」

「そう！　あそこは日本人とフィリピン人のグループで、同じ工場。フィリピン人と結婚した日本人のファミリーも来るよ。ブラジル人も、ペルー人もよく来る。会話？　みんな日本語」

さっきから大音量のカラオケも多言語でがなり立てられており、どうもなかなかインターナショナルな店のようだ。弛緩してくだけた空気が心地よい。

多民族が同居する工業地帯は、こうした店も育んできたというわけだが、いま太田や大泉ではさらなる多国籍化が進んでいる。工場によっては、チームリーダーがブラジル人やペルー人で、その下でベトナム人やネパール人やインドネシア人が働く……なんてところもあるらしい。また近頃は住宅街でも、ブラジル人がゴミ出しのマナーについて近所のベトナム人を説教するなんてことも起きていると聞いた。

グリーンロードはアジアの縮図

新しい労働力として入ってくるようになったアジア系の外国人の中でも、とりわけ多いのは技能実習生だ。一大勢力となっているのはベトナム人で、ほかにインドネシア人やカンボジア人もいる。もうブラジル人やペルー人だけでは労働力が足りなくなってきたのだ。

というのも、１９８９年の入管法改正によって日本で働けるようになったのは「日系2世と3世、その配偶者」だった。最初に来た世代は年を取り、引退する人たちも出てきている。

2018年に「日系4世」も日本で就労、定住できるようになったが、親世代の苦労を見てか、ブラジルの発展もあってか、新しい日系の移民はほとんど来ない。その代わりの労働力が求められている。

また日系の人たちは、それなりに経済力を持つようにもなった。自宅やクルマを購入して日本人と同じように暮らす人はもう珍しくない。派遣社員がまだまだ多いので不安定な立場であることに変わりはないが、それでも30年間の日系人のがんばりによって地位も時給も上がってきた。

しかし、それでは企業が困るのだ。より安い労働力がほしい。そのための技能実習生である。「サイチン」(最低賃金)で働かされることも多い彼ら技能実習生は、この北関東でも急速に増えている。

だから大泉では、ベトナムのレストランやカフェ、食材店もかなりある。そのひとつ「ミン・ニャット・クアン」も、実習生の憩いの場だ。フォーやブンなどのベトナム料理のほか、小さな食材スペースもある。生まれたばかりだという赤ちゃんを抱きながら店を切り盛りするチュオンさんは、

「ここは2021年の10月に開いたんです。お客さんはほとんど実習生ですが、日本人もときどき来てくれます」

と話す。もともと東京で留学生として学んでいたそうだ。それがベトナム人の夫のアイデアで、実習生の増えている大泉なら商売になると見込み、移ってきた。

「大泉は外国人に慣れているから住みやすいです。市役所でもベトナム語のパンフレットがあ

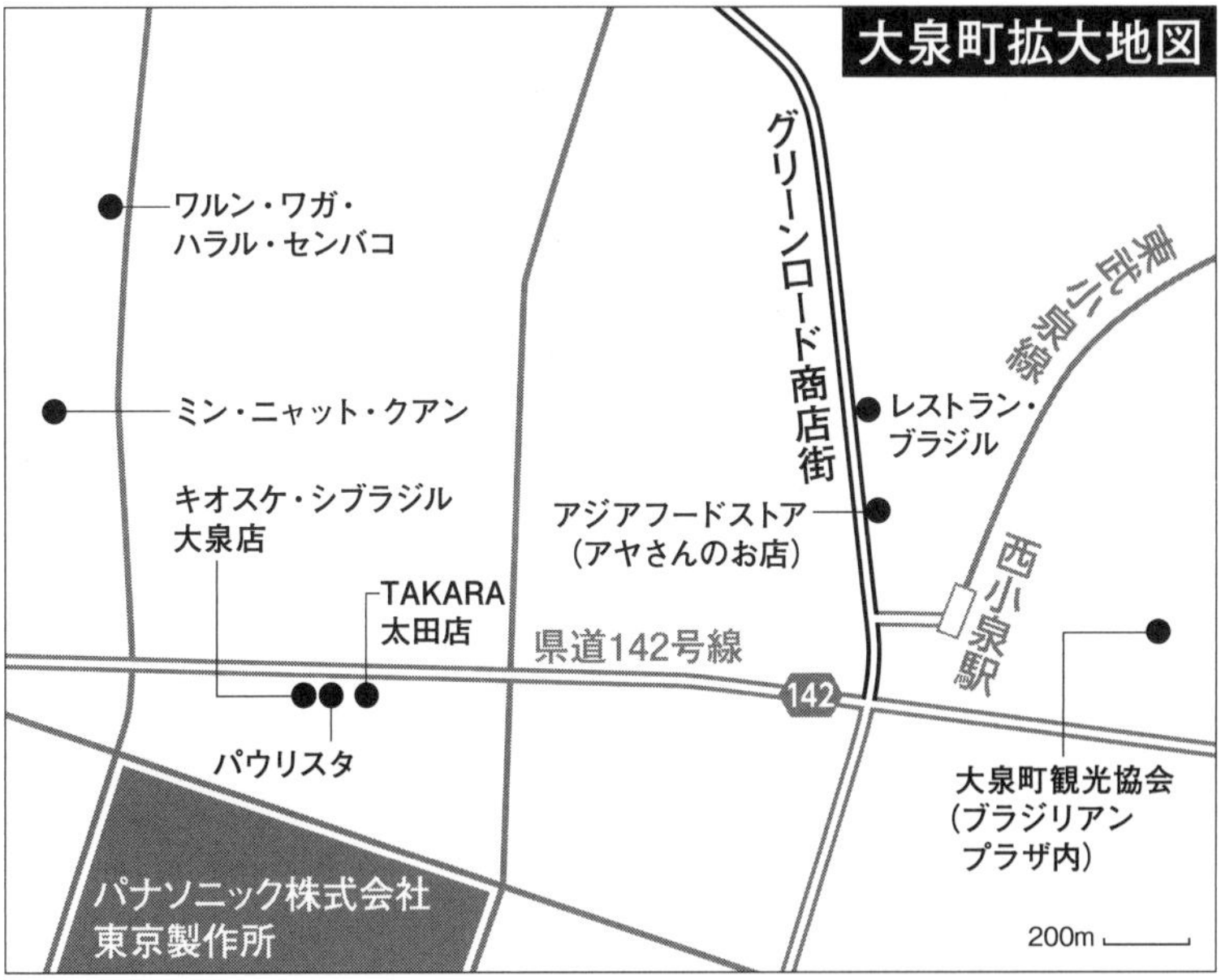
大泉町拡大地図
グリーンロード商店街
東武小泉線
ワルン・ワガ・
ハラル・センバコ
ミン・ニャット・クアン
レストラン・
ブラジル
キオスケ・シブラジル
大泉店
アジアフードストア
（アヤさんのお店）
西小泉駅
TAKARA
太田店
県道142号線
142
パウリスタ
大泉町観光協会
（ブラジリアン
プラザ内）
パナソニック株式会社
東京製作所
200m

るし、子供の病院でもみんな優しいです。それにどこに行くにもクルマだから、ラクですよね。子供がいるととくに」

ちなみに隣はネパール人が営むインドカレー屋で、たまにはそちらでご飯を食べることもあるのだとか。彼女たち、大泉に住むベトナム人は429人（2022年10月、大泉町による）。5年間でおよそ倍増した。

それよりもさらに上、5年間で5倍増を記録しているのはカンボジア人だ。町内に198人が暮らす（2022年10月、大泉町による）が、多くはやはり技能実習生だ。

だから、グリーンロード商店街には日本でもなかなか珍しいカンボジア食材店がある。「アジアフードストア」だ。カンボジアの誇りアンコールワットをあしらった国旗が飾られた店内にお邪魔すると、コン・アヤさん（37）が慌ただしく食材の梱包をしているところだった。

「お店だけだとなかなかやっていけなくて、全国のあちこちに配送してるんです」

調味料や野菜、米麺などを、手際よく段ボールに詰め、パッキングしていく。その中にラグビーボールをピンポン玉くらいに小さくしたような果物があった。鮮やかな緑色だ。

「あ、それ小さいけどマンゴーなんです。スライスして、塩とお砂糖、唐辛子をつけて食べるとおいしいですよ」

知らなかった。成熟する前のミニマンゴーをサラダのように食べるらしい。そういうことを言われると、つい買ってしまう。沖縄や宮崎、長崎あたりでタイ人やベトナム人が栽培しているのだという。その人気を見て日本の農家も参入しつつあるそうだ。

アヤさんが姉のアサミさんとともに大泉にやってきたのは3年ほど前だという。もともと埼玉県の東松山で食材店を開いていたそうだ。そのあたりも大規模な工場が点在していて、ベトナム人実習生が多い。カンボジアとベトナムは共通している食材がたくさんあるので、どちらの国のお客にも対応できるような店をつくった。

その後、大泉にカンボジア人実習生が増えていると聞き、こちらに移転。はじめはカラオケレストランをやっていたのだが、

「料理人がもっといい給料のとこに行くって引き抜かれちゃった」

やむなくいったん閉店し、すぐそばに今度は食材店をオープンした。

「大泉のカンボジア人は、実習生も増えているし、日本人と結婚した人もいるし、いろいろですね」

アヤさん自身は、先に来日した姉を頼って留学生としてやってきた。姉の夫が、難民だったそうだ。いわゆる「インドシナ難民」だ。カンボジアがポル・ポト政権を追い落とした後も戦乱が続き、荒れ果てていた時代、国を逃れて日本にたどり着いた人々がいた。またベトナムやラオスでは戦争が終わったものの社会主義体制に移行する中で混乱が続いた。これらインドシナ3国からの難民を、日本は正式に受け入れた。1979年（昭和54年）のことだ。現在、日本は難民を基本的には認めず受け入れない方針だが、40年前は異なっていたのだ。そこにはアメリカの存在があったといわれる。社会主義に塗り替えられてしまったインドシナ3国からの難民を受け入れるのは西側自由主義陣営の役目であるというアメリカの圧力に、日本政府は従った。2022年11月現在、ロシアに侵攻されたウクライナからの難民を日本が珍しく受け入れているのと同じ構図であろう。

こうしておもに1980年代、カンボジア人、ベトナム人、ラオス人合わせておよそ1万1000人が、日本政府肝入りの支援事業のもと、この国で生活を始めた。彼らは支援活動の拠点となる難民事業本部があった神奈川県大和市やその周辺に定住していったが、少しずつ日本各地へと散っていく。祖国で苦労をし、帰れないという覚悟があったぶん、日本に溶け込もうと努力を重ねた。そのひとりが、アヤさんの姉の夫というわけだ。

「だからいまでも、知り合いは神奈川にたくさん住んでるんです。はじめは迷ったんですよ。新しく店を出そうと思ったときに、大泉にするか神奈川か。ちょー迷った」

なんて可愛く言う。結局は自宅のある埼玉からクルマで通いやすい大泉に決めたそうだ。アヤさんのようなインドシナ難民の縁者が、生活を安定させて、今度は新しい世代のカンボジア人やベトナム人を迎え入れる側になる。

「ここには通っているだけだから私はあまり詳しくないけど、お客さんからは暮らしやすい街だって聞きますよ」

グリーンロードにはほかにも、カンボジア人が集まるクラブもある。週末だけの営業で、やはり技能実習生が集まる場所になっている。そこでは留学生が中心になっているカンボジア人のバンドもときどきやってきて、歌やダンスを披露するそうだ。

技能実習生たちの〝お姉さん〟

日本の古い民家のような佇まいだが、カラカラと引き戸を開けると、そこは賑やかなインドネシアだった。カウンターに置かれたトレーにはスパイスで味つけされた肉やタマゴが並び、鍋ではカレーが湯気を立てている。そこにインドネシアの男子たちが群がり、手にした皿にどっさりと盛りつけている。そして畳敷きの小上がりのテーブルに陣取ると、

「いただきます」

日本語できちんと言ってから、猛烈な勢いで食べ始める。その若さがなんだかうらやましい。彼らを姉か母のように見守っているのは、ここ「ワルン・ワガ・ハラル・センバコ」のおかみ、アプリ・リアニさん(38)だ。

「みんな弟みたい。甘えんぼさんで」

きれいな日本語で笑う。かと思ったら、まだご飯を食べずにスマホを眺めている男子を「マカン!(食べなさい!)」と叱りつける。その足元を、リアニさんの子供たちが走り回る。インドネシアのワルン(食堂)そのままに、騒々しいながらも温かさに満ちている店なのだった。

「みんな技能実習生なんです」

そう言ってリアニさんは男子たちを見つめる。いま食事をしている彼らは、パナソニック関連の工場に勤めているそうだ。異国で心細い思いをしながら働く実習生たちが、集まれる場所をつくりたい。そんな気持ちで、リアニさんは2021年に店を開いた。それから半年ほどしかたっていないのだが、口コミと料理のおいしさ、それになによりリアニさんの人柄なのだろう、あっという間にインドネシアの実習生たちには欠かせない店となった。

「ごちそうさまでしたー」

男子たちが食べ終わった食器を、台所まで持っていく。それを洗っているのは店員ではなく、これも実習生の女子たち。味の素の工場や、介護施設で働いているそうだ。誰かれとなく店を

手伝い、わいわい騒いでいる様子は、なんだか部活動の合宿のようだ。

リアニさんの出身は、首都ジャカルタの東に位置するバンドンだ。それが17歳のとき、家族で旅行に行ったリゾート地バリ島で、たくさんの日本人観光客を見たことがきっかけで、人生は大きく変わる。

「日本語にひと目惚れです」

なんて表現をする。日本語の響きに惹かれたのだという。日本の文化にも親しみを感じ、いろいろと調べているうちに、バリ島で日本人女性専門のガイドになっていた。独学で覚えた日本語でもって島のあちこちを案内するのだが、女性たちをよく連れていったのはエステだ。すると今度はエステティシャンにも興味を持つようになる。なんでもやってみたがりなのである。

ガイドをしながらエステの技術を学ぶうちに、バリ島によく来るなじみの日本人女性から一緒にビジネスをしようと誘われた。こうして来日し、長野県でエステ店を経営していたという。

それから東京でアパレルの仕事もしていたが、群馬県でもインドネシアの技能実習生が増えていると聞くようになる。コロナ禍では一時期、実習期間を終えたものの入国制限や飛行機の減便で帰国できない実習生もたくさんいた。どうにか彼らの助けになれないか。それに、インドネシアの料理や文化を、もっと日本人にも知ってほしい。そんな思いで太田に引っ越し、ここ大泉で店を出した。

リアニさんの話を聞きながらバッソ（肉団子の入ったスープ麺）や、サテ（鶏の串焼き）をいただく。店内にはかんたんな食材も売っている。ときにはカンボジア人やインド人のお客も来るし、どんなハラル食品が売っているのかチェックしに来るイスラム教徒もいるそうだ。

ちなみに今日は月に一度くらい不定期に催すビュッフェの日なのだそうだ。人気のようで、次々と若い実習生たちがやってくる。リアニさんは、彼らから悩みを相談されることも多い。仕事のきつさ、給料の安さ、ときには日本人からひどい扱いを受けたりもする。やたら元気で勢いのあるベトナム人に負けないスキルを身につけたい、なんて言われることもあるそうだ。

「それと、よく聞かれるんです。これからどうしたらいいだろうって」

技能実習の期間は基本的に3年だ。その後は、どう生きていけばいいのだろうか。若者が道に迷うのは、日本もインドネシアも同じだ。国に帰ればいいのか、あるいは実習期間は2年の延長ができるからそちらを選ぶのか。そのための手続きはどうしたらいいのか。実習生からステップアップして、ふつうの社会人として日本で働くためのビザは取れないものだろうか……。

技能実習生というと過酷な環境ばかりがクローズアップされるが、それなりにまともな待遇で働いている人だってたくさんいる。日本に居心地の良さを感じている実習生もいる。とりわけインドネシアの場合、トラブルは比較的少ないといわれる。ベトナム人技能実習生のような、逃亡や犯罪、借金苦といった問題はあまり聞かない。これはインドネシア側で実習生を送り出す機関に対する国の管理が厳しいので、事前の日本語教育や研修がしっかりしていること、はじめにかかる経費が少ないことなどが背景にあるそうだ。だからなのか、北関東で出会うインドネシアの実習生たちは明るい。日本語も片言ながらもぺらぺらと楽しげに話す。職場の評判もいいようだ。

「とくに介護で働くインドネシア人の評価が、すごく高いようでうれしい」

とリアニさんも言う。そうして日本でがんばっている弟、妹たちに、どうにか道を開いてやりたい。

「日本語の能力試験でも、なんでもいい。せっかく日本にいるんだから、なにか身につけようよってみんなに言ってるんです」

なんとも魅力的な、そして頼りがいのある笑顔を見せる。そんなリアニさんに甘えに、今日も実習生たちがやってくる。

外国人だって年をとる

「ＴＡＫＡＲＡ」の隣にあるブラジル料理のレストラン「パウリスタ」の昼どきは、近隣の工場で働く作業服姿の人々で賑わう。30代、40代が多いだろうか。さすがにみなさんガタイがいい。食いっぷりも見事だ。ランチビュッフェは、肉やサラダ、フェイジョン（豆の煮込み）などがずらりと並び鮮やかだ。デザートもある。肉はさまざまな部位のものが次々に運ばれてくるのだが、どんどんなくなっていく。このパワーが太田・大泉の製造業を支えているのである。

ちなみにこの「パウリスタ」、もとはラーメンチェーンの「幸楽苑」だったとか。しかしブラジルの勢いに押されて閉店、そこを「ＴＡＫＡＲＡ」が押さえてこのレストランができたのだ。大泉はロードサイドの巨人・幸楽苑すら撤退する街なのである。

お腹いっぱいになって店を出て、「ＴＡＫＡＲＡ」「キオスケ・シブラジル」それに「カサブランカ」の3大ブラジルスーパーを見て回る。またしてもお菓子だのパンだのお土産を買い込んでしまうのだが、目につくのは年配の外国人の姿だ。杖をついている方もいた。入管法改正から30年が過ぎ、大泉はいま、「外国人の高齢化」という問題に直面しつつある。

それは大泉だけではなく、「日系2世と3世、その配偶者」を労働者として呼び込んだ地域――静岡や愛知などでも共通して抱える問題だ。30年前に日本にやってきた世代が年を取り、工場でも働く場を失いつつある。若さと体力がものを言う現場では、高齢者はなかなかきついのだ。

それなら年金でリタイア生活を、と日本人なら思うところだ。しかし、年金給付のある外国人は、太田や大泉にほとんどいない。

「彼らの生活がどうなっていくのか心配ですよね」

社会保険労務士の小野修一さん(68)は呟く。父の代からここ大泉で労務経営管理の事務所を構える2代目だ。どうして年金のない高齢者が増えてしまったのか、小野さんに聞いた。

「入管法改正のときに、地元では東毛地区雇用安定促進協議会をつくったんです。外国人を受け入れるための組織でした」

東毛とは、群馬県南東部の太田、大泉、館林あたりを指す地域の呼び名だ。354はこの東毛を東西に貫いている。ここに移住し、働きに来る日系人を直接雇用し、日本人とまったく同じ待遇で扱おう……そんな趣旨で協議会はつくられた。もちろん社会保険についても同様だ。

「でも、それが守られることはなかった」

小野さんは言う。外国人を雇用するのはおもに2次請け以降の工場だが、そうした企業に対して協議会は社会保険へ加入するよう通達をしたものの、どこもあまり積極的ではなかった。2、3年で帰る出稼ぎだろうという意識が、雇う側にもあったからだ。それに外国人のほうも、社会保険料を支払って手取りが減るよりはと、無保険のまま働いた。そういう制度自体を知らない外国人も多かった。だから病気やケガともなれば健康保険証がない。自費や、中には海外旅行保険で賄う人もいた。労災保険にも入っていないから、いざ職場で事故が起きても、「労災隠しなんて当たり前だった」という。小野さんは役所や社会保険事務所に対して、企業のほうに保険加入への指導をしてほしいと頼んだが、実現することはなかった。そうして見て見ぬふりをしたまま、年月が経っていってしまったのだ。

変化があったのはリーマンショックのときだ。街に失業者があふれたときに、ようやく外国人はセイフティーネットの大切さに気がついた。失業保険も知らなかった彼らに、小野さんたちは「2年さかのぼって受給申請できるから」と働きかけた。こうしてようやく外国人の間でも社会保険の加入が進み、年金制度が始まった。しかしなにせ日が浅い。だから古株の人たちにはほとんど支給がないまま、働けない年齢となってしまった。家族が面倒を見てくれればいいが、独居の人もいる。ブラジルに身寄りのない人もいる。だから生活保護に頼らざるを得ない。

外国籍の場合、「技能実習」や「留学」、コックなどの「技能」といった、多くの在留資格では生活保護を受けることができない。ただ1989年の入管法改正によって来日した日系人は「定住者」という在留資格で、生活保護を受給する権利がある。そのため困窮した高齢の外国人が制度を利用することになる。メディアがときおり「大泉は生活保護で暮らす外国人が多い」と批判することもあるが、その背景まで語られることはあまりない。結局のところ、なあなあで済ませてきた行政や企業、経営者に問題があったのではないか。小野さんはそう感じている。

「彼らを労働力として呼んだのかもしれないが、来るのは人間だ。それを意識して、はじめから対応していれば、こんな問題は起きなかった」

小野さんは怒りを込めて言う。労働者だって年を取る。当たり前のことだ。なにより法律を改正してまで外国人を呼び込んだのはこの国なのだ。

観光協会の名物事務局長

いま、大泉で働く外国人のほとんどは人材派遣会社を通じて職を得ている。間接雇用ということになる。当初、町では直接雇用を理想として外国人を受け入れはじめたはずだったが、徐々に派遣会社が仲介するようになった。そのあたりは日本人の労働環境の変化と似ているのかもしれない。

企業のほうは、景気の動向を見て例えば「この半年でこの作業をする人を何人」などと、生産状況に応じて派遣会社に外国人を求め、必要がなくなれば切ってきた。部品とあまり変わらない。そうなれば労働者だってドライになるわけで、少しでも時給のいい職場、あるいは残業のたくさんある職場へと移っていく。「ザンギョウ」という言葉がもはやポルトガル語の会話の中に組み込まれているほどだ。

はじめは大泉に来たけれど、愛知のほうが時給がいいと移っていく動きもあるし、埼玉の二輪関連工場は残業が多くて稼げると聞いて転職したりもする。一家で引っ越していくこともあれば、「子供を転校させたくないから」とお父さんだけ単身赴任なんて家庭もあるそうだ。いまどこの県のどんな工場にいい仕事があるのか、みんなフリーペーパーの求人広告をチェックしているのだ。

その中でも腰を据えて自宅を購入する人だって増えてはいるのだが、やはりリーマンショックのようなことがあると一気に人生プランは吹き飛んでしまう。派遣が弱いのは外国人も日本人も同じだ。それなら、コロナ禍の影響はどうなっているのだろうか。

「仕事を失った人もいますが、いまは助成金がいろいろあります。それに企業にも雇用調整助成金が国から出ていて、雇用の維持に努めていますね」

小野さんは言う。リーマンショックに比べればだいぶましなようだ。それでも残業がない、出勤できる日が減っているなど、仕事こそあるけれど稼ぎはずいぶん減ったという人が多い。

パウロさんは、

「夕方になると、仕事を終えてスバルの敷地から出てくるクルマで道路がすごく混み合うんです。でもコロナになってから、それがずいぶん減りました。あのクルマの量で街の景気がわかるんです」

と言う。またコロナ禍はリーマンショックのときと違って「いつまで続くのか」という先行きの不透明さがきつい。それは日本人と同じだ。

加えて大泉では、観光協会のイベントがなかなか開催できない。毎月、グリーンロードの南側、いずみ緑道で行っていた「活きな世界のグルメ横丁」や、町内をめぐるツアー「インターナショナルタウン体験」も、いったいいつ再開できるのか。

「街の飲食店を見ていても、やはりコロナの影響を感じます」

そう話すのは、観光協会の事務局長、中山正樹さん（36）だ。

「日系移民30周年のイベントもできませんでした」

と残念そうだ。代わりに、コロナ給付金の申請書類の書き方を相談しに、外国人が訪れるのは日常的になった。それでも中山さんは精力的に街を歩き回り、外国人の店が新しくできればすかさずあいさつに出向いて、観光協会への加盟を勧め、彼らの暮らしぶりに耳を傾ける。

「こんな小さな町で、いろんな国の人たちが商売をやって、自分をさらけ出していると思うんですよ。そこが面白い」

そう話す中山さんも、やはり「よそもの」なんである。大阪の出身だ。語学留学のために訪れたアメリカで、ブラジル人留学生たちと出会ったことが原点にある。彼らの陽気さとフレンドリーさに惹かれた。アメリカにいるのにブラジル人と過ごす時間が増えた。大阪に戻ってからはブラジル人が集まるバーなどに通って友達をつくり、今度はブラジルで働いてみようと現地に渡った。日本語教師なら仕事のクチがあると聞いたのだ。リオデジャネイロやサンパウロを旅しながらの就職活動だ。

「リオでは、ある日本人の語学教師と出会ったのですが、まずは日本に住むブラジル人に日本語を教えて、経験を積むところから始めなさいと言われて」

そこでいったん帰国して、日本語教師の勉強をし、浜松や名古屋などブラジル人のコミュニティを回って日本語を教え始める。その一環で、大泉にもやってきた。ここではブラジルに行かずとも、彼らの温かさに触れることができる。居心地の良さを感じた中山さんは、ブラジルをめぐる旅を切り上げ、大泉に腰を落ち着けた。２０１５年のことだ。そして観光協会という職場を得て、いまではこの街にすっかりのめりこんでいる。

「ここはブラジル人を中心にたくさんの人が自分を表現できている場所だと思うんです。それを日本人も受け入れているように感じます」

もちろん、外国人の文化や考え方のすべてを日本人が受け入れているかと言えば、それはなかなか難しい。観光協会の「多様性推し」には反対意見や抗議が寄せられることもある。それを受け止める立場はしんどいこともあるだろう。コロナ禍の終わりも見えない。それでも、中山さんは街の面白さや多様性を発信し続けている。

日本で生まれ育った「移民の子」たち

観光協会は街の窓口でもあり、実にさまざまな人が訪れる。大学の研究者、ブラジル文化に興味がある人、メディア、大泉と同じようにブラジル人コミュニティがある名古屋などのNPO……それに僕のような正体不明のあやしいやつまで中山さんたちスタッフは相手をしてくれるので実にありがたい。

もちろん街に住む日本人や外国人もふらりとやってくる。そのひとりが角田ルミさん（52）だ。日系3世のブラジル人で、パウロさんや幕田さんと同じように、ブラジルでは自分のことを日本人だと思って育ってきた。

「家では茶碗とお箸で日本食を食べる生活をしていたんです。家族の会話もポルトガル語と日本語が半々。〝フトン〟や〝マクラ〟って言葉をふつうに使っていたけれど、ポルトガル語だと思ってた」

そう笑うルミさんは入管法改正を機に一家で大泉に移り住み、三洋電機の工場でひたすらにビデオカセットを組み立てた。その頃はブラジルのレストランや食材店もなく、日本人の店では「ガイジンは入ってくるな」と言われたりもした。

「私は日本人じゃなかったんだと思って、それがショックだった」

しかしそこからルミさんは、持って生まれたものか、とんでもないパワーを発揮し始める。まずはブラジル文化の紹介と、日本人との交流ツールとするため、サンバチーム「UNIDOS DA TOKA」を結成。大泉まつりだけでなく、日本各地のイベントに出演した。ビジネスのほうでは工場を辞めたあと、354（現142号線）沿いにパステル（ブラジル風のパイ）の店を出した。それから旅行会社、喫茶店やディスコの経営などいくつもの仕事を経て、いまは人材派遣会社に勤める。さらに病院や動物病院での通訳もこなす。

「B型だから、いろんなことやりたい。でも飽きたらすぐやめちゃう」

と笑う。いまではすっかり大泉の有名人だが、来日直後は「帰りたいってずっと泣いてた」というルミさんの支えとなってきたのは、一人息子の賢一さん（24）だ。

「この子が生まれて、学校に行きはじめて、日本人の保護者と話すようにもなって。そこでやっと、生活が楽しくなってきたんです」

子供を通じて、地域になじんでいったのだ。賢一さんのほうは日本で生まれ育ったので日本語はネイティブだが、そこまでの語学力がない母の苦労を、幼い頃からずっと見ていた。

「小中学校のときの、僕たち（外国ルーツの子供）の〝あるある〟なんですけど、今日は親が病院に行くので通訳しなくちゃならないから学校を休みます、なんてことがよくありました」

賢一さんがそう教えてくれた。ルミさんは相当に日本語が話せるほうだが、それでも賢一さんが通訳をする場面もたくさんあった。中には親がほとんど日本語がわからず、ひんぱんに通訳に駆り出される子供もいる。そんな経験の中で、早いうちから大人たちや社会に向き合うことになる。だからなのか、賢一さんのように日本で生まれた世代は、責任感が強く大人びたタイプが多いようにも感じた。伊勢崎の日系ペルー人、幸地アキノリさんの姿が重なる。

しかし親を支えるほうの賢一さんだって、いろいろ差別を受けたのではないか……と聞いてみるが、

「小学校に入ったばかりの頃は、そんなこともあったかもしれないけど、でも6年間一緒に過ごしていくうちに、なくなっていきますよ」

はきはきと答える。賢一さんたちの世代が次第に成長し、地元にふつうに混じり合う中で、少しずつブラジル人への視線も変わってくる。ルミさんが言う。

「日本人が、ハグしてくれるようになったよね。一緒にごはん食べる日本人の友達もたくさんできた。いまもサンバチームを続けていますが、楽器の演奏をするのはむしろ日本人のほうが多いかな」

一方でブラジル人も日本のマナーや言葉を学び、仕事にも慣れ、生活はいくらか安定している。昔は子供たちの進学もままならなかったが、いまではやっと高校へ行くのが当たり前になってきた。手塩にかけて育てた賢一さんは、大学進学を機に大泉を出て、いまでは東京の出版社に勤めている。今日はたまたま帰省したところだったのだ。

「いまも母からたまに電話が来るんです。この日本語がわからないとか。まだまだ苦労があるんだなって感じます」

ルミさんのほうは相変わらずいろいろな仕事をこなしつつ、80代の両親の面倒を見ながら暮らす。親はやはり年金のない世代だ。先行きの不安はあるが、大きな病気もなく元気だそうだ。

賢一さんと同世代の日系人の友人を見ると「大泉に残って工場などで働く人が7割、別の土地に進学して就職する人が3割」なのだとか。

「親の日本語がカタコトで、心配だから地元に残るって友達も多いんです」

賢一さんもまた、将来的には大泉に戻ってくることも考えている。

「大学のときに簿記や会計の勉強もしていたので、それを活かして税理士になれないかって」

ポルトガル語もできる自分が、日伯バイリンガルの税理士になったら、大泉では需要があるのではないか。そうすれば近くで母を支えることができる……。ちゃんと考えているのだ。

「でも、彼女ができたらきっと変わっちゃうんじゃない？」

なんて言いながらも、ルミさんは嬉しそうだ。ちなみに賢一さんの彼女については「子供と親と料理を大切にしてくれるならナニ人でもいいですが、面接はします」とのことであった。

最後に賢一さんに「ルミさんはどんなお母さんですか」と聞いてみた。「やだ〜聞きたくない〜」と照れるルミさんを横目に、賢一さんはまっすぐに答えた。

「ひとことで言えば親バカですけど、ちょっとめんどくさいんですけど、大泉を歩いていると、よく知らない人からも声をかけられるんです。ルミさんの息子さんだよねって。それだけこの街で、いろいろな人に関わって、いろいろな仕事をして、生きてきたんだなって思います。人として尊敬しています」

日本と溶け合っていく世代

賢一さんたち新しい世代が、きっとこれからの大泉の主役になっていくのだろう。しかし彼らのように日本と溶け合う動きが広がる一方で、そうでもない人々もいる。とくに2010年代以降、新しくやってきたブラジル人は、すでに大泉にできあがっているコミュニティの機能に寄りかかり、日本語の習得に意欲的ではないという。働き、食べていくだけなら、言葉がわからなくてもどうにかなるのだ。ポルトガル語の通じる派遣会社で仕事を見つけ、ポルトガル語のマニュアルのある工場で働き、ブラジル人学校に子供を入れる。ブラジルのレストランや食材店はいくつもあるし、困ったときは通訳や翻訳のサービスもある。

しかしそれでは、いざというときに困るのだ。リーマンショックのときもコロナ禍のいまも、まずクビを切られるのは言葉がわからないため単純作業しかできない層だ。子供が日本語を学ばないまま成長すれば、やはり派遣の単純労働くらいしか働き口がない。なかなか将来を思い描けず、道を誤る子も出てくる。そうならないよう、もっと日本のことを学んでほしい……そんな危機感を、ルミさんや幕田さんたち同じ日系ブラジル人たちが口にすることが、救いなのだと思う。苦労して日本で生きてきた日系人たちは、この国とどう向き合っていけばいいのか、よく知っている。その経験を、次の世代の日系人、それに「新しいよそもの」であるベトナムやカンボジアやインドネシアの人々にも伝えてほしいと思った。

小野さんが言う。

「俺、楽しみにしてんだよ。日系の人たちが会社つくって、そこで日本人も働いて、当たり前のように仲良くやってる姿を見るのをさ」

その言葉通り、パウロさんのように会社を経営する日系人も増えてきている。賢一さんたちがその後を追う。30年をかけて世代を重ね、苦労を乗り越えてきた大泉では、彼らのような若者がどんどん増えていくのだろう。

第三章　館林　カレーの香りの向こうに難民

群馬県館林市
多々良沼
マスジド・サラーマト
群馬県館林市
成島駅
122
館林駅
国道122号線
ALH ミニマート
354
354号線
東武伊勢崎線
茂林寺前駅
茂林寺
近藤沼公園
200m

ミャンマーを追われた、ロヒンギャの集まる街

３５４をクルマで走りながら、アウンティンさん（54）は言った。

「もう20年以上になるけど、館林は住みやすいところだよね。夏は暑いけど」

慣れた様子でハンドルをさばき、雑木林や小さな工場や、チェーンの飲食店や大型量販店が並ぶ３５４を軽快に飛ばす。やがて左折し、国道１２２号線に入った。この道沿いには小さなハラルショップが2軒ほどある。それらをやりすごし、アウンティンさんは業務スーパーの駐車場に愛車を停めた。

「買い物しよう。最近はギョームもハラルの食べ物が多いし、安いの」

アウンティンさんについて店内を歩く。なるほど、冷凍の鶏肉や牛肉にもちゃんとハラル認証のマークがついている。調味料や、レトルトのカレーの缶詰、インスタント麺なんかもハラルのものがいくつかある。なかなかの品揃えなのだ。

「私たちが増えたからかどうかは、わからないけどね。助かるよ」

そう言ってアウンティンさんは、ハラルのフルーツジュースをいくつか買い込んだ。

それからクルマに戻り、パキスタン料理のレストランとか駅の周辺、アウンティンさんもよく行くというジムなどを眺めながら館林を流す。ちょうど昼の礼拝の時間になった。

「モスク寄ってくよ」

街の中心部の北側にある「マスジド・サラーマト」に乗りつける。駐車場はすでにいっぱいだった。近隣の工場などで働いているというイスラム教徒の男たちが集まってくる。僕もプレハブのようなモスクにお邪魔し、2階に上がって、絨毯が敷かれた大部屋で礼拝の様子を見学させていただいた。

彼らの多くはロヒンギャだ。おもにミャンマーに住んでいるイスラム系の少数民族である。しかし、ミャンマー国内では「隣国バングラデシュからの不法移民」と扱われ、手ひどい弾圧を受け続けてきた。国籍を与えられず、ミャンマー軍による殺人や焼き討ちなどが横行してきた状況を、アメリカ政府は「ジェノサイド（民族大量虐殺）」と断定し、人道に対する罪であると非難している。

ロヒンギャの人口はおよそ200万人とされるが、その半数以上がミャンマーを追われ、難民となって世界各国に散った。バングラデシュが最も多く約90万人が難民キャンプで暮らすが、ほかにマレーシアやタイ、パキスタン、サウジアラビアなどにも分散している。そして日本にも、迫害を逃れたロヒンギャが300人ほどやってきた。その大半が、ここ館林で生きている。

きっかけは「中古車ビジネス」

僕を乗せてぐるりと館林を一周したアウンティンさんは、354沿いに建つ自宅に戻った。すぐに奥さんが甘いミルクティーを淹れてくれる。

アウンティンさんも30年ほど前にミャンマーを逃れてきた難民のひとりだ。館林にやってきたのは1999年のこと。それからは工場で働きながらお金を貯め、中古車や中古家電を途上国に輸出する会社を設立した。「在日ビルマロヒンギャ協会」の副会長も務め、館林に増え続けるロヒンギャ難民と、地域の日本人との橋渡し役として走り回ってきた。

それに、こうして取材の応対もする。アウンティンさんは日本に暮らすロヒンギャたちのスポークスマン的な存在でもあるのだ。僕も何度かインタビューさせてもらったことがあるし、館林をガイドしてもらうのもこれが初めてではなかった。ロヒンギャ関連のニュースがあればすぐにメールを送ってきて「記事にしないか」と持ちかけてくる。かと思うと、いきなり電話してきて、

「いまシーシャ（水タバコ）吸ってるんだけど、そしたらムロハシさんのこと思い出してね。ムロハシさんシーシャ好きだったでしょう。今度一緒に楽しもう」

なんて話してくる、人なつこいおじさんでもある。

そんなアウンティンさんに改めて「なぜ館林だったのか？」と聞いてみた。北を流れる渡良瀬川、南の利根川と平行に、354が東西に貫くこの街に、どうしてロヒンギャ難民が集住しているのか。館林で有名なのは、夏場に張り出す太平洋高気圧によって熱せられた空気が赤城山から吹き下ろすフェーン現象によって地獄の猛暑となることや、昔話「ぶんぶく茶釜」ゆかりの茂林寺であろうか（ちなみにアウンティンさんと待ち合わせるときは同じ東武線でも館林駅ではなく茂林寺前駅である。そのほうがご自宅に近い）。あとは僕もハマったアニメ「宇宙よりも遠い場所」の舞台となったことくらいだが、いずれもロヒンギャとは関係がなさそうだ。

館林の人口は7万5559人だが、うち外国籍は2600人。市の統計を見ると、近くの大泉と同様に、日系ブラジル人の労働者や技能実習生のベトナム人、インドネシア人が多いよう

だが、そこにミャンマーが入ってくるのが周辺の自治体と違うところだ。このミャンマー国籍のうち280人ほどがロヒンギャだとアウンティンさんは言う（数字は2020年。館林市による）。

「もともとはね、ひとりのロヒンギャがここに来たことから始まったんだよ」

と、セリーム・ウラさん（60）を紹介してくれた。顔のしわに苦労が刻み込まれているような、しかし優しげなおじさんだった。独学で学んだという日本語で、日本人よりもむしろ勢いよく話す。

「私が館林に来たいちばん最初のロヒンギャなんですよ。1996年のことです」

やはり難民として迫害を逃れて日本にやってきたウラさんは当初、東京のインドカレー屋で働いていたそうだ。がんばっているうちに少しずつお金も貯まり、なにかビジネスをしようと思い立つ。そのときに頼ったのは、ミャンマーからバングラデシュ側に逃れたロヒンギャの親戚だった。

前述したようにバングラデシュには巨大な難民キャンプがあり、おおぜいのロヒンギャが暮らしている。その数はいまや90万人というから、もはやひとつの国のような状況だ。

彼ら難民の一部は、バングラデシュ国籍を取得した。そしてバングラデシュ人として日本に出稼ぎにやってきて、工場の多い北関東のこの地域で働く人もいたそうなのだ。さらにそこを出発点にして自らビジネスを立ち上げる人も出てくる。おもに「中古車」だ。日本の中古車を途上国に輸出するのである。このビジネスを開拓したのはパキスタン人だが彼らから同じイスラム教徒のよしみで、バングラデシュ人にも中古車輸出のノウハウが伝わっていく。その中に、いわば「ロヒンギャ系バングラデシュ人」であるウラさんの親戚もいたのだ。

「彼らに相談してみて、私も同じ商売を始めることにしたんです」

そのために必要なのは、広い土地だ。中古車をキープしておくための倉庫（ヤード）に使うのだ。首都圏でも、群馬のこのあたりまで来れば土地は安い。加えて館林なら中古車オークション会場のある群馬県藤岡市、栃木県小山市、千葉県野田市にもアクセスしやすい。かつ、館林は大泉や伊勢崎と並ぶ工場地帯として発展してきたため、バブル期から南アジア・中東系の労働者が多かったことはこれまでに見てきた通りだ。だからモスクもハラル食材店もすでにあった。館林周辺にはイスラム教徒が暮らしていける生活の基盤があったのだ。

そんな館林に定住し、ビジネスを始めたウラさんのもとに、どんどんロヒンギャが集まってくるようになる。世話焼きのウラさんは仕事や住むところなどの面倒をよく見たそうだ。やがてアウンティンさんも故郷から逃れ、99年に館林に合流した。彼らは当初、パキスタン人のモスクに集まっていたが、仲間同士で寄付を集めて自分たちのモスクもつくりあげた。それが「マスジド・サラーマト」だ。このモスクをコミュニティの核に、いまでは280人ほどのロヒンギャが館林で暮らす。

「仕事は工場が8割くらいで、あとは中古車や食材などのビジネスかな」

とウラさんは言う。アウンティンさんもやはり中古車業界に参入したひとりだ。こうして館林に、難民たちは寄り添うようになった。やはりこの街も、「仕事があったから」外国人が増えていったのだ。

「本物の難民」とは誰のこと?

ところで日本に暮らすロヒンギャたちは、その多くは実のところ「難民」として認められていない。日本政府に難民として認定してもらうよう申請したのだが、アウンティンさんもウラさんも、そのほかほとんどのロヒンギャは訴えを却下されている。ミャンマー軍に故郷の村を焼かれ、友人や家族が殺され、命の危険を感じて国外に逃れざるを得なかった人々もおおぜいいるのだが、日本政府からすると彼らは「難民」ではないらしい。

この国は基本的に、難民を認めず、歓迎しない方針だ。それならなぜ、難民保護と受け入れのための国際的な取り決めである「難民条約」に加盟しているのか疑問ではあるのだが、ともかく日本は1980年代のインドシナ難民(↓P65)をのぞいて、まとまった難民を迎えることはなかった。2021年の場合、日本に逃れ難民申請をした2413人のうち、認められたのはわずか74人だ。2017年は過去最多の1万9629人もの人が難民申請をしたが、認定は20人のみ。きわめて狭き門なのだが、どうしてこの人が難民でこの人は却下なのか、明確な基準はわからない。ロヒンギャも19人が難民認定されているが、認定されなかった人との違いがはっきりせず、公表されることもない。それが日本の入管行政だ。

アウンティンさんやウラさんは、難民としては認められなかったが「定住者」という在留資格を得た。これは就労をはじめとして日本人と同じようにさまざまな権利があるものだ。また「特定活動」という在留資格をもらうロヒンギャもいる(こちらは就労できる時間が週28時間以内に制限されている場合もある)。この国で生き、根を張っていくことをいちおうは許可されたわけだが、それでも「お前たちは難民ではない」と日本政府に断定された悲しみは大きい。祖国で受けた弾圧、家族や友人の苦しみを否定されたような気持ちにもなる。

「日本で働けるようになって、安全に暮らせるし、ありがたいと思うよ。でも、本当は難民として認められたい」

と、ふたりは話す。

それにロヒンギャの中には、「定住者」などの在留資格に移行できず、「仮放免」という立場で暮らす人もいる。これは「難民申請を受けて審議する間、本来ならば結果が出るまでは入国管理局の施設に収容する必要があるが、人道的な見地から身柄は拘束せずに、〝仮〟に〝放免〟する」というものだ。

「仮」の滞在者なのだから日本に住民登録はできず、社会保険もないし就労も許可されない。生きていくすべがない。だから仲間たちで助け合ってはいるが、そんな状態で何年も「仮」のまま館林で生き、故郷へも帰れない人がいる。コロナ支援の10万円給付も受けられなかった。

一方でウクライナからは「難民ではなく避難民」という名目で次々と受け入れを続け（2022年11月現在で2158人）、就労や日本語学習のサポート、最大16万円の一時金や医療費負担など手厚い支援がきわめて迅速に決められた。これはインドシナ難民のときと同じく、アメリカ政府からの圧力があったといわれる。

しかし、ミャンマーの紛争なんて国際社会からは遠いのだ。だからあまり注目されることもなく、難民とさえ認められず、国からはなんのサポートもなく、ロヒンギャは苦労しながら館林で生き延びてきた。ウラさんやアウンティンさんは言う。

「ダブルスタンダードではないかと思います。私たちロヒンギャも同じ難民、同じ人間」

その言葉には、悲しみと、少しの怒りが込められているように思った。

そんなロヒンギャの一方で、北関東にはまた別の種類の難民がいる。「偽装難民」だ。これはP140に詳述するが、母国ではなんの迫害も受けていないのに、そもそも平和な国から来ているのに「難民です」と申し立ててくる外国人のことだ。日本の難民認定率の低さの理由のひとつに、こうした人々の存在があることは確かだろう。

偽装難民なんていうと国際犯罪の臭いもするのだが、そんなおおげさなものではなく、要は日本で長く滞在するための方便なのである。難民申請をし、却下されても週28時間内の労働が認められるケースもある「特定活動」に移行できればラッキー、そうでなくとも仮放免になって不法就労すればいい。本当は働けない立場でも、雇ってくれる職場が北関東にはある……本人たちはいたってのん気に、日本で飯を食っていくための手段として難民申請しちゃうのである。また、それを指南する日本人の派遣会社や行政書士もいる。

だが、そこで迷惑するのは、ロヒンギャのような「本物の難民」だろう。難民というだけで日本人から怪しまれたりもする。「本物」と「偽装」、どちらの難民も混在しているのが北関東なのである。

ロヒンギャ風のカレーのお味

「やっとオープンだよ。いろんな人を呼んでパーティーするから。ムロハシさんも来て」

アウンティンさんから、弾んだ声でそんな電話がかかってきたのは2022年6月のこと。新しくロヒンギャ料理のレストラン&食材店を開くのだと、前々から言ってはいたのだが、ようやく開店にこぎつけたのだという。ただしコロナ禍の影響もあってコックがまだ間に合わず、とりあえず食材店だけ先行オープンするらしい。

さっそく都内からクルマをカッ飛ばして、利根川を越えて354に入る。アウンティンさんのニュービジネス「ALHミニマート」は、354の少し北を走る群馬県道314号線沿いにあった。花輪が並び、すでにたくさんのロヒンギャや日本人で賑わっている。親交のあるミャンマー人やバングラデシュ人も来ているそうだ。なんと館林の市長や議員まで来訪しているあたりが、アウンティンさんはじめロヒンギャのしたたかなところだろう。自治体とうまく連携し、存在をアピールすることが地域社会に溶け込むために必要だと、よくわかっているのだ。

そんな来客の応対に慌ただしいアウンティンさんが、時間を縫って店内を案内してくれた。

「リタ」というでっかい冷凍の淡水魚を抱えながら、

「これはロヒンギャが大好きなサカナ。カレーにして食べることが多いかな」

と話す。肉はマトンや牛、ヤギが多い。もちろんすべてハラルだ。ほかには主食の米や豆、調味料にスパイス、お菓子や紅茶やジュースやインスタント麺など、多彩な商品が並ぶ。北関東のハラルショップでもなかなかに大きな店構えだろう。

ただ、当然といえば当然なのだが「ロヒンギャ産」はない。自分たちの国を持っていないのだから仕方がない。ミャンマー産やバングラデシュ産を中心に、インドネシア、トルコ、スリランカなどからの輸入で賄う。レシピだけはロヒンギャ流にアレンジするというわけだ。

「ロヒンギャ料理は、レモンやタマリンドで味つけした酸味のあるものが多いかな。辛いものもたくさんあるよ」

レストランのオープンこそまだだが、本日は特別メニューとしてロヒンギャ料理を仕込んでいるという。厨房にお邪魔させていただくと、巨大なナベふたつと格闘しているおじさんの姿。

「いつもはモスクでまかないをつくってるだけなんだけど」

と、この日は腕を見込まれて臨時コックに抜擢されたようだ。ふだんはやはり中古車ビジネスをしているというおじさんに聞いてみれば、

「こっちのがロヒンギャがよく食べるやつ。牛肉とレバー、トマトやニンジン、ニンニク、ショウガなんかをスパイスで煮込んだもの」

そうざっくり教えてくれた。ロヒンギャ風のカレーだろうか。もうひとつはミャンマー風のカレーで、こちらは大根やオクラ、インゲンなど野菜が中心だ。どちらもご飯がもりもり進んでしまうおいしさで、さらに鶏の丸焼きだとかココナッツベースのスイーツなんかも出てきて、豪勢なオープニングパーティーとなった（なお、レストランは2022年8月に正式オープン。ナマズやシーフードのカレーなどロヒンギャ料理が味わえる日本唯一の店として「異国飯」ファンに知られるようになった）。

たくましく成長した難民2世たち

「おかわり、食べますか」

そう言われて、思わずロヒンギャカレーを頼んでしまった。すぐに若い男の子が運んできてくれる。よく見てみれば、何人もの男子が食器を手にテーブルの間を忙しく行き来している。新しくお客が来ると席に案内し、また食材店の説明をしたり、レジで会計をしたりと、手分け

をして実によく働いている。食った食ったと外に出てみれば、来客のクルマを誘導している若者たちもいる。その顔立ちがまた、実にさまざまなのだ。日本人ぽい子もいれば、ロヒンギャであろう南アジアの風貌の子もいる。みんな、この日のオープニング・スタッフとして働いているのだ。

彼らのリーダーとなっているのが、アウンティンさんの息子マモルさん(18)だ。

「今日は、サッカーチームの仲間が来てくれたんス」

父親に負けず劣らずの働きぶりで忙しそうにしながら話す。それは日本で生まれたロヒンギャ2世のマモルさんが、ずっと夢見ていたチームだった。

「心のどっかで、サッカーチームを作りたいって思ってたんですよ。サッカーを通じて、ロヒンギャのことを知ってもらえるような、そういうチーム」

中学校1年生のときには、授業そっちのけで、入ってほしい友達やポジション、チーム名なんかをノートに書き連ねた。それを見られて、バカにされたりもした。現実的には難しいと思っていたけれど、勇気を出して声をかけてみることにした。

「はじめは2、3人しか集まらなかったです」

それでもがんばって誘っているうちに、だんだんとマモルさんのまわりにサッカー好きが増えてくるようになる。それも、多彩な顔ぶれの仲間だ。ロヒンギャ、日本人、パキスタン人、ブラジル人、ガーナ人、スリランカ人……。多国籍社会である館林をよく表すようなイレブンだった。そして中学校2年生のときに「サラマットFC」を結成。アラビア語で「平和」を意味する言葉だ。それから大学1年生になったいまも、マモルさんはキャプテンを務めている。

今日はそのチームメイトが、手助けにやってきたというわけだ。

炎天下の中、駐車場までの案内をしていたのは日本人の縄野隼斗さん（18）だ。

「マモルとは小学校が一緒でした。いつも家族同然に扱ってもらってるんで、まあ助け合いっス」

なんてぶっきらぼうに話す。

「小学校のときからまわりに外国人がいたし、いまは電気工事士の仕事なんスけど職場にはブラジル人もいるし、中国人の友達もいるし、それが普通っていうか」

館林はそういう土地なのだ。だからロヒンギャの人々にとっても暮らしやすかったのだろう。

「日本人だけじゃなくて、幅広く友だち欲しいんス。文化違っても、結局一緒なんで」

ちょっと得意げにそう言う縄野さんと、スマホで連携しながら車の誘導に当たっているのは木村裕紀さん（18）だ。フィリピン人と日本人のハーフで、サッカーチームのメンバーではないがマモルさんの友人だという。

「こういうのはじめてでなんで、よくわからないんですが」

と笑いながらも、次々にやってくるクルマをさばいていく。なんとも手際がいい。

彼ら「裏方」たちは、来客があらかた去った午後遅く、ようやくの昼食となった。ロヒンギャカレーやミャンマーカレーで、どんどんご飯をかきこんでいく。男同士わいわい騒ぎながら、なんとも楽しそうだ。

マモルさんが言う。

「お父さんたちと違って、僕たちの世代には〝日本という力〟があるから」

迫害から逃れてきたこの異国で、当初は言葉もわからずアウンティンさんたちの世代はずいぶんと苦労をした。しかし日本で生まれたマモルさんたち2世には日本語の壁もないし、小さい頃からの地元の友達が力になってくれる。

「だから、ロヒンギャのためにできることも、もっと広くなると思うんです」

大学では国際ビジネスを学び、父の手がける貿易や中古車の仕事をもっと大きくしたいとも思っている。なんとも頼もしい日本生まれのロヒンギャ2世なのである。

第四章　小山　宴は中古車オークションのあとで

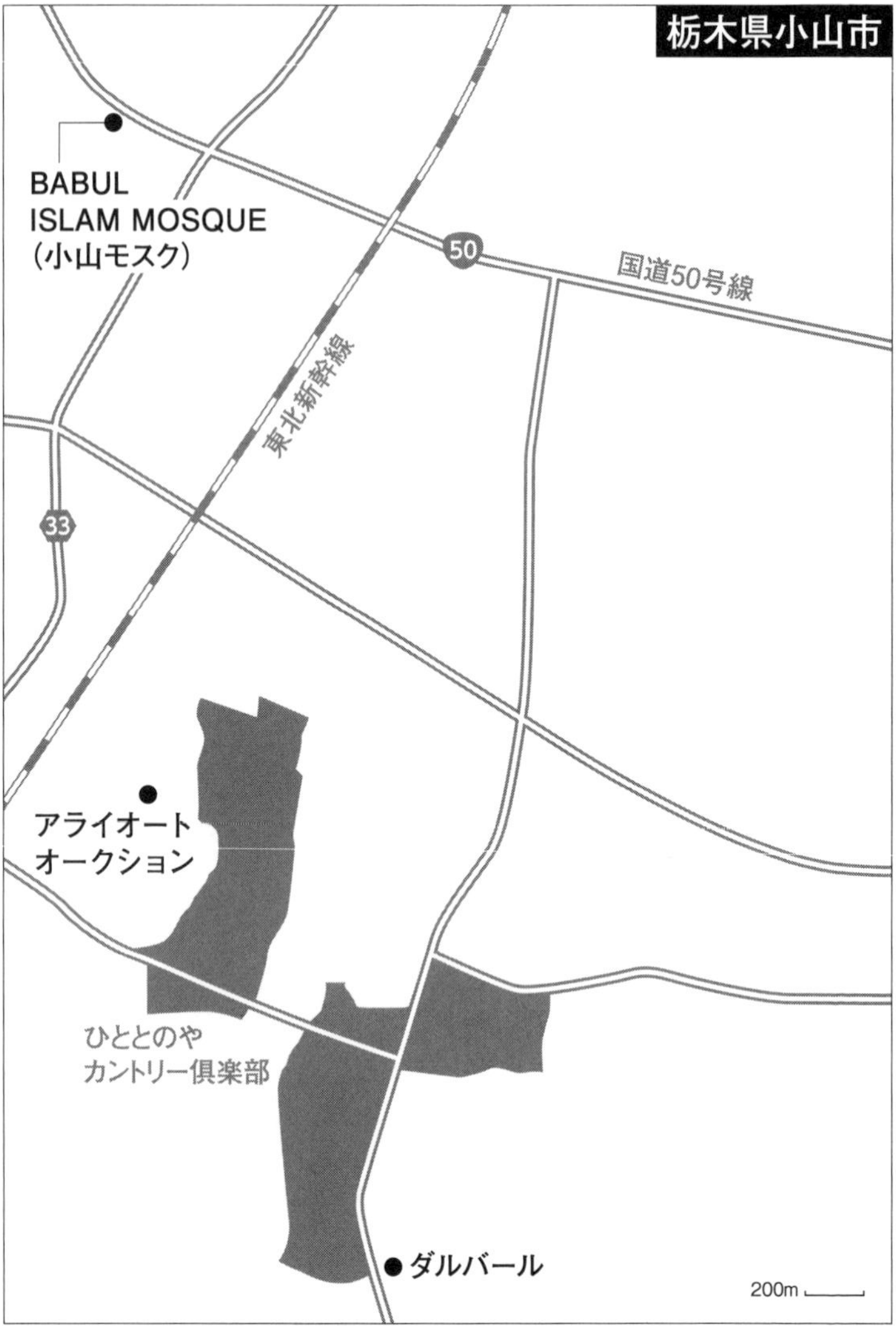

栃木県小山市
BABUL
ISLAM MOSQUE
（小山モスク）
50
国道50号線
東北新幹線
33
アライオート
オークション
ひととのや
カントリー倶楽部
ダルバール
200m

巨大中古車オークションの主役たち

いったいここは、どこの国なのだろうか。僕は広々としたロビーを見渡した。そこを行きかうのは恰幅のいい中東系のおじさん、東南アジア風の人々、黒人もちらほらといるし、ロシア系も見る。日本人もいるにはいるが、むしろ少数派だ。

彼らの視線の先にあるのは、クルマの値段だ。ロビーのあちこちに掲示されたモニターには中古車とそのスペックが映し出され、わきに表示されている数字がくるくると変わり、値段が上がっていく。互いに入札しあい、落札額を競っているのだ。オークションである。

ロビーからメインの入札会場に入ると、思わず声が漏れた。

「おお〜！」

広い。体育館のようだ。モニターつきの座席がダーッと並び、実に壮観である。座っている人々もやっぱりさまざまな顔立ちで、座席のコンピュータを操作して狙った車に値段をつけている。なんだかゲームのようにも見える。この会場だけでなく、オンラインで入札している人もおおぜいいるそうだ。

こうして中古車の売買が大規模に行われているのだが、参加者のかなりの部分が外国人。ロビーには外国人を相手にビザのアレンジを手がける行政書士までブースを出しているし、イスラム教徒向けの小さな礼拝所まであった。そのそばのトイレは、彼らがお祈りの前に手足を清めるための洗い場も設置されている。各所には英語の案内もあった。売店のおばちゃんが中東系のおじさんに「最近見ないじゃないの、帰りに寄ってよ」なんて声をかけている。

ここは中古車流通の北関東における一大拠点だというが、外国人がこれほどに入り込んでいることに僕は驚いた。国際見本市か万博にでも来ているような気分になってくるが、これは毎週行われている定例のオークションなのだという。

ここはパキスタン人の城下町

僕は354を館林からさらに東に進み、北上して国道50号線に入り、栃木県の小山市に来ていた。カタギの皆さまは小山と聞いたところで名所も特産物もなにも思い浮かばないかもしれないが、僕たち異国文化を愛する者は小山といえばまず外国人の中古車業者が集まる、ここアライオートオークションを連想する。

というのも北関東では、中古車を生業とする外国人が実に多いからだ。世界的に評判の高い日本車は、中古であっても高値で取引される。それを日本国内で買いつけ、母国あるいはネットワークのある他国に輸出し、販売するというビジネスだ。北関東の外国人社会を支える一大産業といっていい。出品者はおもに日本のメーカー系ディーラーや中古車買い取り専門店、中古車リース会社などだ。これを買い取るのは日本人の中古車販売店のほか、外国人の業者だ。輸出を手がけるところもあれば、解体してパーツごとに売ったり輸出したりするところもある。こうした中古車関連ビジネスの外国人が、北関東には実に多い。日本の業者にとっても大事な商売相手となっているのだ。

彼らは埼玉や千葉の北部などオークション会場のある街の近辺に集住してコミュニティをつくっているが、中でも小山にはとりわけ規模が大きな会場がある。そしてこの街で存在感を見せているのは、パキスタン人なのである。栃木・北関東の中古車市場に食い込み、小山では一大勢力となっている。

だから小山会場を歩いているのも、かなりの部分がパキスタン人だ。真っ白な民族服シャルワール・カミース姿も多い。オークション開催の日ともなれば他県からもパキスタン人がやってきて、彼らが運んでくる車で小山市内は混み合う。当然、腹ごしらえをする場所もたくさんあって、この街では本格的なパキスタン料理が食べられるのである……なんてことを教えてくれるのは、比呂啓さんだ。「はじめに」でも触れた、友人の映像ディレクターである。ふだんから僕と同様に「日本の中の異国」をテーマに取材をしている、いわば同志といえよう。よく一緒に外国人コミュニティを訪ね歩いているのだが、彼はとりわけパキスタンに強い。前パキスタン大使とも親しく、ディナーに誘われるくらい在日パキスタン人社会の中に入り込んでいる。だからパキスタン人の集住する小山は、比呂さんにとっていわば「ナワバリ」なのである。彼の仲介があったから、アライオートオークションの見学も許可されたというわけだ。

「この会場には、モスクを建設する計画もあるんですよ」

小さな礼拝所ではなく、しっかりしたモスクを建てるのだという。それだけ敷地は広大だ。比呂さんの紹介によってアライオートオークションを案内してくれる運営会社・荒井商事の広報の方によれば、面積はなんと東京ドーム８つ分。扱っているのは乗用車だけではなく、中古のトラック、二輪、建設機械など多岐にわたる。とくに中古トラックでは国内シェア50％以上を誇っているそうだ。小山が全国の中古トラック相場を決める、とも言われている。

入札会場や礼拝所などがある中心的な建物を取り囲むように、ここは乗用車、ここは大型トラック、ここはショベル……と車種ごとに「商品」がまとまって停まっており、そこを業者が見てまわる。出品用のクルマの写真撮影をする専用の建物まである。会場内を行き来する送迎バンも走り回る。

「いまはハイブリッドカーや小型トラックが人気ですね」

と広報氏。この日はなんと3800台もの中古車が出品された。まさにひとつの巨大産業といった感じだが、ここは中古車オークション会場としては日本一の広さなのだとか。

なんだか圧倒された気分で食堂に向かってみれば、その前には3台のキッチンカーの姿。それぞれトルコのケバブ屋、イランのケバブ屋、それにスリランカ料理なのであった。さらに食堂では、そばやうどんやアジフライ定食を出す庶民的なブースに並んで、パキスタン料理のコーナーまである。

「ここはね、常総にあるシーア派のモスクの人がやってるんですよ」

比呂さんがそう言って、厨房にいるパキスタン人コックと親しげに挨拶を交わす。すでに見知った間柄なのだ。メニューを見ればカレーだけではなく、ニハリ(肉のスパイス煮込みスープ。こちらはビーフだった)まである。それともうひとつ、炊き込みご飯の一種であるマトン・プラオをいただく。こちらもでっかい羊肉のカタマリがどかんと入っている本格的なやつだった。市中のレストラン顔負けなのである。

食堂を見渡してみると、パキスタン料理を食べている日本人の業者もいれば、逆に日本の定食を食べている外国人もいる。商談がまとまったのか、誰もがリラックスした笑顔で話しながら、それぞれのご飯をほおばっている。この食堂の景色だけでも面白い。

小山グルメツアーで情報収集

その後は比呂さんと小山に点在するパキスタン料理店やハラル食材店を見て回った。つまり食べ歩くのである。肉とアブラがメインの重たいパキスタン料理をあれこれ食べるのはけっこうな体力が必要なのだが、この日はアライオートの食堂も含めて3軒で食べ、さらにハラル食材店や、小山にもあるブラジル食材店を巡った。

比呂さんとのツアーではこうして食べるだけでなく、店の人たちと話して、その街における外国人の暮らしぶりを聞いてみるのも忘れない。お客にはどんな仕事をしている人が多いのか、店ができたのはいつ頃で、どうしてここを選んだのか、住みやすいか、そもそもなぜ日本に来たのか……なんて世間話の枠を超えたことをあれこれ聞いてみるのだが、誰もが愛想よく応じてくれるのだ。日本語があまり話せない人も、懸命に言葉を探して答えてくれる。スパイスの使い方や料理について聞けば、熱心なレクチャーが始まることもある。また「どこそこに今度、ヒンドゥー教のお寺ができるんだよ」「最近あのあたりにネパール人が増えてるって」なんて耳寄りなネタを教えてもらったりもする。彼らとの会話から次なる取材のヒントが得られるのだが、こうしたナマの情報はネットをいくら検索しても入ってこない。現地を歩いてそこに生きる人たちに話を聞かないとわからないのだ。こうして「日本の中の異国」を探索しながら食べ歩くのは、海外を手探りで旅するような面白さがあって、そこに比呂さんも僕もハマっていた。

そして本日4食目となるのは、アライオートオークションの南、ゴルフ場そばにある「ダルバール」だ。店内に入ると、出迎えてくれたのはいかにもインテリ風のメガネの紳士。比呂さんの友人でもあり、在日パキスタン人社会の重鎮、ハフィズ・メハル・シャマスさん(45)だ。ハフィズさんも中古車業者だが、この日はビジネスというよりもっぱら挨拶まわりに忙しかったようだ。

「今日は一日で300人くらいと会ったよ」

と豪快に笑う。それにアライオートオークション内のモスク建設の中心人物でもあり、その話し合いもあったという。慌ただしいスケジュールのさなかに、時間をつくって僕たちを「ダルバール」に招待してくれたというわけだ。

席に着くとすぐに、ホワイトボードを手にした店員がやってくる。本日のおすすめが書かれているのだ。グランドメニューもあるのだが、その日の仕入れや仕込みの状況を映し出した自慢の料理が手書きで書かれたこのホワイトボードは本国パキスタンでもおなじみ。日本でもコレがある店はだいたい日本人寄りではなくパキスタン人客をおおいに意識したガチ系といえるだろう。

そこからいくつも注文したハフィズさんに、どうしても聞きたいことがあった。そもそもパキスタン人が中古車ビジネスをはじめたのは、いつのことなのだろう。

「1970年代だと言われてるよね」

ということは、北関東にパキスタン人やバングラデシュ人など南アジアの労働者が流入してくるよりも前だろうか。

「日本に勉強に来た研修生が、パキスタンに戻るときにクルマを持ち帰ったの。それを向こうで売ったら儲かった」

研修生とは、現在の技能実習生ではない。また違う制度のもと、日本の技術を学びに来た留学生のような形だったそうだ。で、研修期間修了後、日本の中古車をお土産としてパキスタンに持ち込んでみたところ、これはいい商売になると気がついた。

「だからその人、また日本に戻ってきて、本格的に中古車やりはじめたんだよ」

それが1975年頃のことだったそうだ。

「億」を動かす男たち

その頃は日本でもまだ、中古車市場は成熟していなかった。戦後しばらくの間、車はきわめて高価で貴重な存在であり、廃車になるまで乗り潰したから、中古車というものがほとんど出回らなかったからだ。

変わりはじめたのは1950年代後半だ。経済復興が進み国民生活が少しずつ向上したこと、それに大泉で「スバル360」が生産されたこと（↓P58）が大きなきっかけだ。庶民にも車が普及するようになり、日本でもモータリゼーションが本格化する。そこでようやく中古車も活用しようという流れになり、市場が形成されていく。その頃はブローカーが売り手と買い手を仲介していたが、1970年代に入ってようやく同業者組合がつくられ、組合主導のオークションが行われるようになってきた……そんな時期だ。だから当時は「中古車を海外で売って人も出てくる。

みよう」という発想もなかったのではないだろうか。そこに着目したパキスタン人研修生は、時代を先読みする力と、運を持っていたのだろう。ずいぶんと儲かったようだ。やがてパキスタンだけではなく、バングラデシュやドバイ、南米などにも輸出しはじめた。それを真似する人も出てくる。

「日本に来る留学生が、帰国するときに中古車を持ち帰るのがはやったそうだよ」

ハフィズさんが言う。留学生の中には、日本に留まり、同じようなビジネスを立ち上げる人も出てくる。彼らが集まるようになったのが、埼玉県の八潮《やしお》だ。オークション会場のひとつがあったからだ。また、八潮は都心から比較的近いこと、当時は電車も通っておらず土地が安くて、ヤード（中古車の保管をする場所）を確保しやすかったことも理由にあったとか。こうしてパキスタン人の集住が進む八潮は、やがて「ヤシオスタン」という二ツ名でも知られるようになっていく。ちなみにこの時代、オークションは電子入札ではなく「手」つまりハンドサインで行っていたのだという。市場のセリで見るアレだ。指先の複雑な動きからなる符牒をパキスタン人も覚え、オークションに参加したそうだ。

彼らの参入が目立つようになった頃は、誰もが当たり前のように新車を買うバブルの夢の中。だから中古車は格安で仕入れられ、利ザヤで大成功したパキスタン人もいる。日本車の評判が世界的に高まった時代でもあった。とりわけ途上国ではハードな道でもしっかり走る日本車のタフさと耐用性が好まれた。たとえ中古でも、パキスタンやバングラデシュや中南米では〝ブランド〟だったのだ。

「小さい頃から、クルマだけじゃなくて家電でもなんでも日本製を買ってた。日本のモノは信用があったんだよ」

ハフィズさんは言う。その信用を背景に、日本で中古車ビジネスを営むパキスタン人の親族が他国にも進出、日本からの中古車を輸入・販売する会社をつくるという動きも広がった。パキスタン人が、日本の中古車売買をワールドワイドなビジネスに展開させていったのだ。

他方、おもに354沿いの街で工場労働者として働いていたパキスタン人たちは、苦境に立たされていた。けっこうな部分が不法就労者だったからだ。正規の就労資格がないまま働いていたのだが、そこにはこんな流れがある。

バブル以前のことだ。パキスタン人やバングラデシュ人、イラン人は日本にノービザで入国することができた。パスポートだけで簡単に来日できたのだ。そして好景気で人手不足となった中小の工場で働くようになる。日本で稼げば母国では大金となったからだ。日本の工場のほうも、働き手がいない、従業員を募集しても日本人が来ないからと、彼らの立場には目をつぶって雇った。

こうして1980年代にいきなり南アジア系の人々が日本に大挙するようになるのだが、ビザなし渡航でやってきた外国人がそのまま働いてしまうなんて、日本政府にとっても想定外の出来事だったのではないだろうか。だから目立った取り締まりもないまま、あれよあれよという間に彼らは北関東の中小企業にとっては大事な「戦力」になっていく。いまさら摘発して帰国させることも難しい。そんなことをしたら、従業員を失った工場群が壊滅してしまうからだ。こうして見て見ぬふりをされてきたのだが、いつまでもこれではまずかろう、そろそろ合法的な労働力を……と日本政府は南米の日系人に目をつけた。これは第二章（→P47）でも触れた通りだ。南アジアの人々から、日系ブラジル人やペルー人へと、労働者が変わっていく。
で、困ったのは急に「戦力外」とされてしまった人々だ。大半は日本での暮らしを諦めて帰国した。ビザなし渡航もパキスタン、バングラデシュからは89年に停止となった。いままではスルーされていたのにいきなり逮捕されて強制送還された人は数知れない。食いつめて偽造テレホンカードを売るようになったイラン人は社会問題にもなった。それでも、日本人と結婚するなどして正規の在留資格を得た人々の中から、中古車ビジネスにトライする人も出てくる。こうして市場はまた広がっていく。

ハフィズさんが来日したのは１９９８年（平成10年）だ。パキスタン北部シアルコートから、労働者ではなく留学生としてのビザを取ってやってきた。そして卒業後は中古車ビジネスの世界に参入。

「その頃はやっぱり八潮にいたんだけど、２０１５年に三郷に引っ越したの。まわりに学校があって子供が通うのに便利だったから」

と、ヤシオスタンの住民の分散化も進んでいく。ビジネスを拡大させた人々が広いヤードを借りるには、さらに郊外へ郊外へ、地価の安いほうへと移っていく必要もあった。そして八潮から20キロほど北上した千葉県・野田にもパキスタン人の集住地ができた。ここにはやはりオークション会場があるからだ。そして野田から利根川を挟んで北側には、３５４が走っている。

野田からさらに北に進んだ栃木県の小山もパキスタンタウンとして賑わうようになったのだが、理由はいくつもある。１９８７年にオープンした関東中央オートオークション（現在のアライオートオークション）が中古車の集積地として成長して、とくにバンとトラックのオークションでは世界一ともいわれる規模になったこと。野田などほかのオークション会場からも近いこと。それに輸出港のある横浜へも陸送できる距離であること。加えて、３５４を走った先には大泉のスバルが、４号線を北上すると日産自動車の栃木工場があり、その中間でもある小山には自動車関連産業が根づいていて、輸出だけでなく国内向けの中古車販売や解体業の需要もあること……。そして地価がまだまだ安いことも大きい。

「みんな大きいヤード欲しいからね。土地の安い小山で買っちゃう人が増えてる。ヤードだけじゃなくて家も買う」

ハフィズさんはサラリと言うが、ヤードなんて業者によっては何百坪もあるわけで、買うとなると「億」単位の出費となるのだが、そこをクリアできるパキスタン人業者はけっこうたくさんいる。実にうらやましい話なんである。クルマだけでなく土地の売買にも手を広げ、不動産屋を兼業する人もいる。パキスタン人はもはや小山の地元経済に影響を与える存在になっているのかもしれない。

日本でいちばんパキスタン料理がうまい街？

なんとも壮大なお話を聞きながらパキスタン飯をいただいたのだが、これがまた旨い。アルパラク（ほうれん草とじゃがいものカレー）、鉄板ジュージューの羊肉のケバブなどどれを食べてもいけるのだが、とくに気にいったのは「ハンディ」だ。これは料理名にもなっているハンディというツボに鶏肉と野菜を入れてスパイスで煮込んだもの。濃厚グレービーで、ロティで食べるとよく合う。比呂さんはハフィズさんの話そっちのけで、食べまくりながらＧｏＰｒｏでの撮影に忙しい。ＹｏｕＴｕｂｅにアップするのだろう。どうやら問答無用で僕も出演しているようだが、根が出たがりなのでちょっと嬉しい。

やがてハフィズさんの友人のパキスタン人たちもやってきて、賑やかな会食となった。ハフィズさんが日本語学校に通っているときに一目惚れした日本人女性と結婚するまでのいきさつとか、日本人にだまされてローンが残っている中古車をつかまされたパキスタン人もいるなんて笑い話で盛り上がる。みんな日本語がぺらぺらなのだ。

ほかの席もオークションを終えてからやってきた人たちで、いつの間にやらわいわいと大盛況。ひげ面の男たちの騒々しさとスパイスの香り、ここはもう日本ではない。パキスタンだ。店名の「ダルバール」は「集まる場所」という意味のウルドゥー語だそうだが、まさしくここは小山のパキスタン人の社交場だ。

そして誰もが、ハフィズさんに挨拶をし、握手を交わす。さすがは「顔」である。彼は在日パキスタン人社会のアドバイザーのような存在でもあり、いろいろな相談ごとが持ち込まれる。

「24時間いつでも知らない人から電話がかかってくる。忙しいけど、それでいいの」

と、むしろ楽しそうだ。シアルコートではスーパーマーケットを経営する父親が利益の半分を寄付に回していたというから、そんな気持ちを受け継いだのかもしれない。また彼は２０２０年４月に渋谷の街頭でマスクを無料配布した経験もある。コロナ禍の初期、日本がマスク不足に陥っていた頃だ。本業のネットワークを駆使して集めたマスクを道ゆく日本人に配りまくったのだ。偶然にもその様子を見ていた比呂さんと知り合い、ふたりはそのときからの友人だ。そんな思い出話にも花が咲く。

そして話題はだんだん子供の教育のことに移っていった。小山ではパキスタン人の子供もいるわけで、その多くは公立学校に通う。17人のパキスタン人児童を抱える小学校もあるそうだ。この宴会に同席しているハフィズさんの友人の子供もそのひとりだ。給食はハラルではないので弁当を持たせている。ほかの子供と違うから、外国人だからといっていじめがある時代ではないというが、気にかかることもある。ハフィズさんがまくしたてる。

「なんでいまの日本は、学校でしっかり教えないの。親を大事に、先生を大事にって。昔はちゃんと教育していたでしょう。それにね、家族を大切にしよう、ちゃんと結婚して家族をつくりなさいって教えないと。家族をつくらないと国が終わっちゃうよ」

日本の非婚化、少子化を嘆いているのだ。なんだかいい年こいて独身の僕と比呂さんに対する説教のようになってきたが、パキスタン人をはじめ南アジアの人々は日本の社会情勢や政治にも関心が高い。「日本人はもっとこうあるべき」と強いメッセージをいただくこともしばしばだ。彼らからは、いまの日本の教育は大切なものを見失っているように映る。だから子供が心配なのだ。

そんなことも話し合いつつ、ディナーのシメはシアークルマというパキスタンスイーツ。牛乳をベースにピスタチオなどのナッツが入ったプディングのようで、さわやかにほの甘い。思わず「もっと食べたい」とおねだりしたら、ハフィズさんは笑顔で追加注文してくれたのだった。

この国でしぶとく稼ぐ

「時間まだ大丈夫？　ちょっと見せたいところあるからさ」

そう誘われて、僕たちは比呂さんの運転でハフィズさんのクルマを追いかけた。そして国道4号線を走っていくと、なんだかスゴい景色が見えてきた。道路のわきにでっかいトラックが10台ほど並び、それぞれ荷台を夜空に高く持ち上げて、雄々しくアピールしているのである。象が前足を上げて威嚇しているようにも、オスのカブトムシがツノを振り上げているようにも見える。なかなかの迫力だが、トラックをメインに扱うヤードであった。

その敷地内に入っていくと、20人ほどのパキスタン人たちが盛大なバーベキューの真っ最中。僕たち日本人の来客を認めると、さあ食えこれも食えと本日のメシ第5ラウンドがはじまった。ヤードのヌシ、エジャズ・カーンさん(49)が言う。

「いつもオークションがあるときに、仲間うちでここに集まるんですよ」

同業者たちの宴というわけだ。小山だけではなくいろいろな場所から中古車やトラックを率いてやってくるそうで、

「この人は神奈川でしょ」「私、茨城から」「彼がいちばん遠くて長野から」「このヒト、キタチョーセンから！」「ドワハハハ！」

ギリギリなジョークも飛び交う。その笑い声も小山の夜空に吸い込まれていく。遠くからは暴走族がカマす爆音も聞こえてくる。さすがは栃木県、天然記念物がしっかりと生き残っている。だがゾクの若者たちもこのヤードのトラックの威容と、異国で商売をして生き抜いてきたおじさんたちにはかなうまい。エジャズさんにトラック1台の値段を聞いてみたら、

「700万円で仕入れて、2000万円で売る」

とのこと。せせこましく原稿を書いて小銭を稼いでいる自分の小ささを実感するが、中古車ビジネスも昔ほどは儲からなくなってきているそうだ。パキスタンだけでなくさまざまな国で中古車に高い関税がかかるなど輸入規制が敷かれるようになったからだ。国内の新車市場、自動車産業（その多くは現地に進出した日系自動車工場だ）を守るための措置である。それに日本は不景気が30年も続く。誰もが新車をばんばん買って中古車には見向きもしなかった時代とは違う。中古車にもしっかり値段が付くので、昔より仕入れ値も上がった。加えてコロナ禍になってからは各国の港がロックダウンの影響で混乱したこと、ステイホームの風潮でネット販売が伸び物流量が増大していることから輸送費が高騰し、これもビジネスを圧迫する。ウクライナ戦争による燃料の値上がりも心配だ。それでも彼らは日本で生き残ってきた。規制が入れば販路を変え、新しい売り先の国を探し、中古車から中古の医療機器、建設機械などにも手を広げ、また解体も手がけ、この国でしぶとく稼いできたのだ。

「いま日本にパキスタン人が1万9000人くらいいるけど、1万7000人はクルマじゃないかな」

ハフィズさんが言う。うち7300人ほどが、栃木、茨城、群馬、埼玉の北関東に集住している。354をヨコ軸に、国道4号線をタテ軸にしたこのエリアで、ヤードを展開し、オークション会場と行き来し、各所でハラルショップやレストランやモスクをつくって、地域の外国人社会の土台となってきた。

そして彼らから、ほかの外国人へと中古車ビジネスのノウハウが伝わっていく。同じイスラム教徒のよしみか、バングラデシュ人やロヒンギャ難民、インドネシア人やマレーシア人などが多いが、いまでは実に多様な人々が北関東で中古車を扱う。アライオートオークションは、今日もさまざまな顔立ちで賑わう。おおぜいの外国人に日本で飯を食っていく道を開いた中古車ビジネスだが、その源流はパキスタン人にあるのだ。

さあ、354の旅も半ばといったところ。いよいよ茨城だ。小山から南に下って、古河に向かおう。

コラム　北関東ダイバーシティの原点は渋沢栄一にある？

３５４になぜ外国人集住地が多いのか。ここまで群馬県と栃木県を旅して見えてきた答えは「３５４沿いには仕事がある」ということだ。

３５４の始点である高崎から、伊勢崎、太田、大泉、館林と、巨大な工業団地や大企業の工場、その下請け孫請けの工場まで、大小さまざまな工場が立ち並んでいる。そこを３５４が東西に貫き、生産品を運ぶ物流の大動脈となっている。

こうした工場群では、常に働き手を求めている。それも、浮き沈みの激しい製造業の動向に合わせて、忙しいときはガッツリ働いてくれて、減産となれば来ないでいてくれる、まことに都合の良い人材、「雇用の調整弁」を必要としているのだ。非正規雇用の外国人はまさにうってつけの存在といえるだろう。

だからこれらの地域では、海外との行き来がさかんになった80年代から外国人の労働力に頼ってきた。まずは南アジア・中東系の人々が、不法就労という形ではあるが製造業の現場を下支えした。しかし彼らを合法的な働き手に切り替えようと法改正がなされると、90年代からは日系ブラジル人、日系ペルー人が群馬をはじめ茨城県や埼玉県にも急増。そして２０１０年代になると、東南アジアの技能実習生が流入してくる……こんな流れはこれまで

にも見てきた通りだ。
３５４沿いの街では、外国人を専門にあっせんする派遣会社だとか、技能実習生の受け入れ企業を監理する組合の事務所をよく見かける。外国人材を〝活用〟してきた年月の長さを感じさせる。そして一人一台のクルマ社会にあって、自転車をこいでいるのはたいていが外国人の技能実習生だ。僕も３５４をクルマで走りながら、何度も彼らを追い抜いた。赤城颪の厳しい寒風の冬、あるいは東毛特有の夏の暑さの中、食材店にでも出かけたのか母国の米麵や調味料でかごをいっぱいにして、自転車で走っていく彼らの姿は、もはや北関東を象徴するものであるように思った。

外国人でも働ける、ときにはあやふやな立場でも稼げてしまう、おもに製造業の現場が、３５４周辺のとくに群馬には多い。だから80年代から外国人が増えてきたのだが、ではなぜ、３５４沿線には製造業が密集しているのだろうか。

その理由にはまず、もともとこの地域の、とりわけ群馬県では絹産業が盛んだったことが挙げられる。養蚕、製糸、織物からなる軽工業が発展しており、ものづくりや流通の土台があったのだ。

だが絹産業は、太平洋戦争で大きなダメージを受けてしまう。そして戦後、復興が進む過程で産業構造が変わっていく。軽工業を基礎に、時代に合わせた重工業が伸びていくのだ。その象徴が、大泉のスバル（旧富士重工業）であり、パナソニック（旧三洋電機）だった。

さらに群馬県は、１９５３年（昭和28年）に工場設置奨励条例を施行。行政が工場進出のバックアップを行うことになる。また１９５６年には、国が首都圏整備法を制定した。これ

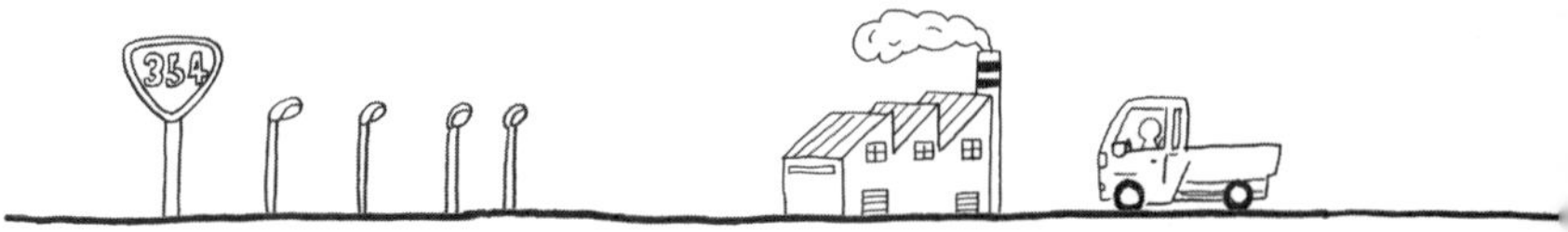

は東京、埼玉、千葉、神奈川、茨城、栃木、群馬、山梨の1都7県を「首都圏」と定め、エリア内の開発と整備を行うものだが、これによって東京近郊の地方都市で工業団地の建設が進んだ。加えて飽和状態となってきた京浜工業地帯からの生産拠点の分散化を進めるためにも、北関東に製造業を広げていく必要があったようだ。

この首都圏整備法を受けて、次に群馬県は工場誘致条例を発布。１９５９年のことだ。群馬に進出してくる工場は税制面でも優遇するというもので、大きな工業団地が次々と建てられていくのだが、とりわけ多かったのは東毛地域だった。群馬県南東部に、ぴょこんと半島のように突き出たエリアで、ここには太田、大泉、館林といった「移民タウン」も含まれる。

なぜ東毛なのか。

まず広い平野があり工業団地の用地があること。また古くから絹産業が発達していたので工業の基盤があり、人口が多いこと。そして利根川の存在も大きい。

工場の操業には膨大な量の水が必要となる。原材料や生産品の洗浄、工作機械の冷却などさまざまな用途のためだ。工業団地には必ず豊かな水源が求められるわけだが、東毛地域の場合、それをまかなうのが利根川だった。日本三大河川のひとつにも数えられるこの大河は、１９６２年に水資源開発水系に指定され、上流ではダム建設が進み、その目的の中には洪水対策や発電のほか、工業用水としての利用も含まれるようになった。そして１９７８年には、３５４のすぐ南、太田市の利根川沿いに東毛工業用水道を建設、供給を開始した。

こうしていくつもの条件を満たし、工場地帯として開発が進む東毛地域に、３５４が建設されていく。その経緯を、群馬県県土整備部・道路整備課に聞いてみた。

「1960年代から前段階として館林市内で区画整理事業が行われてきましたが、354建設が本格化するのは1972年のことです。おもに東毛地域の市町村が構成員になり、高崎から伊勢崎、太田、大泉、館林、板倉までつなぐ広域的な道路をつくってほしいと、東毛広域幹線道路建設促進連絡協議会を立ち上げたことがきっかけです」

広域道路建設の理由はもちろん、工業地帯として発展してきた東毛地域を横断する、物流の大動脈が必要になってきたからだ。この協議会の発足を機に、354の開発がスタートした。

翌1973年にはルートが提示されるが、その下地となったのは日光例幣使《にっこうれいへいし》街道《かいどう》だ。江戸時代の道路である。徳川家康が祀られた日光東照宮に、京から幣帛《へいはく》（お供えもの、捧げもの）を運ぶ毎年の慣習があったが、その一行を例幣使と呼び、彼らが通る道はいつしか日光例幣使街道と呼ばれるようになった。この日光例幣使街道の一部、高崎から伊勢崎に至る道が、354に転用されていく。

「1975年（昭和50年）には、高崎から館林までの52・8キロが国道354号線として指定されました」

なお「国」道とは、道路法を紐解いてみれば「高速自動車国道と併せて全国的な幹線道路網を構成する道路」とある。国の政治・経済・文化の維持に欠かせない重要な道路であると、法律上ちゃんと明記されているのである。だから建設には国があたる。国の予算と権限とで開発できるのだから、地方自治体としてはありがたい話なのだろう。

こうして、利根川と並走するように東毛地域を横断する国道354号線の整備が始まった。

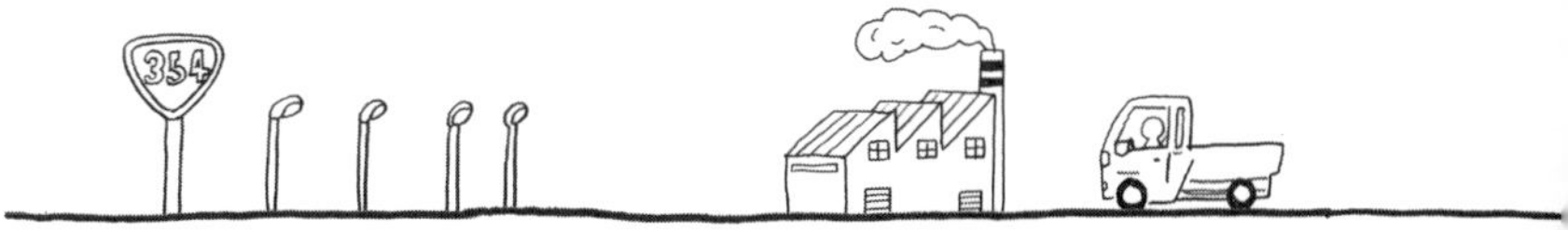

少しずつ道路の整備が進み、車線が拡幅され、大型トラックがガンガン走るようになる。
そして80年代になると、新たに開通したこの３５４沿線に、いよいよ外国人労働者が流入してくることになる。

１９９３年（平成5年）には、茨城県の鹿島郡大洋村、つまりこの旅のゴールである現在の鉾田市までの道路が国道３５４号線として指定された。高崎から太平洋まで、東西およそ２００キロが、ここに貫通したのである。

その後は各所でバイパス整備が行われ、既存の３５４との置き換えも進んだ。ブラジリアンタウンとして発展してきた大泉では、もともと街の目抜き通りが３５４だったが、それが北側に移った（→P53）。広いバイパスを通し、そちらを３５４に指定し直したのだ。２０１４年のことだ。

同じ年の8月31日、玉村伊勢崎バイパスも開通し、国道３５４号線の群馬側は「東毛広域幹線道路」として全線でのバイパス整備が完了した。

「道路の開発と合わせるように、高崎や玉村、伊勢崎など沿線各地で工業団地の造成計画も進みました」

と群馬県・道路整備課の方が言うように、東毛地域の工業化を３５４はさらに促した。その隆盛は外国人労働者の増加にもつながる。大泉を拠点とした自動車産業の拡大も、小山を中心としたパキスタン人の中古車ビジネスも、３５４という物流の道があってこそだ。

また３５４がバイパスとして通ったことで、西の高崎では関越自動車道・上信越自動車道・北関東自動車道、伊勢崎では国道17号、館林では東北自動車道と、さらに大きな国道や

高速道路と接続するようになる。そのためロジスティックの拠点としても着目され、倉庫や物流センターといった施設も増加してきている。そこで働く外国人もまた多い。

　こうして群馬県では産業開発とリンクして３５４の広域幹線道路化が進められてきたわけだが、東に進んで茨城県に入ると、景色がずいぶんと変わる。３５４は車線が減り、田畑の合間をくねくね走るような狭いところもある。群馬県ほど開発が進んでいない。

　それは茨城県が日本有数の農業県だからだ。広大な農地があり、地権者もさまざまで、バイパスを通すにも農家との折衝が欠かせない。また、農地のほか山林から道路に転用してきた箇所もたくさんあったため、工事は難儀だ。こうした理由で茨城県では３５４の開発に時間がかかってきた。沿線の工業地帯も群馬ほどの規模ではないし、３５４も流通の道としての需要はそう高くはない。

　それでも群馬県から利根川沿いに押し寄せる工業化の波は、茨城県西部にも広がってきている。古河や境、常総あたりでは製造業や食品加工といった産業がさかんだ。そういった地域では３５４のバイパス化も進みつつある。２０１５年には圏央道の境古河インターチェンジと接続した３５４バイパスが開通した。茨城県の土木部によれば、この周辺では工業団地の開発が進んでいるという。となれば、労働者としての外国人はさらに増えていくだろう。土浦やつくばでも、同じように３５４のバイパス整備と４車線化、それに合わせた都市開発計画があるそうだ。

　そして古河や境からさらに東、田畑を貫く３５４沿線では、工場ではなく農地で働く外国人が集まってきている。産業構造が変われば見える風景も異なってくるが、外国人でも働け

る職場があるからコミュニティができていくという事情は同じだ。

こうして見ると国道354号線は北関東の産業史を語る上でなかなか重要な役割を果たしている道路なのだが、その発展を外国人労働者が陰ながら支えてきた事実も、もう少し語られてもいいと思うのだ。

渋沢とタイ寺院は〝ご近所さん〟

ところで、東毛地域の工業化の基礎となった絹産業だが、その歴史は非常に古い。高崎市にある博物館「日本絹の里」によれば、日本に養蚕が伝わったのは弥生時代のこと。カイコを育て、その繭から糸を紡ぎ、繊維（絹）をつくるという技術が中国からもたらされたのだ。

いまの群馬県にあたる地域、上州で養蚕が行われるようになったのは奈良時代らしい。これは群馬の水はけのいい土壌と、晴れの日が多く日照時間の長いことが、カイコのエサとなる桑の栽培に適していたからだ。江戸時代には幕府の生産奨励策もあって、上州は日本有数の絹の産地として栄えるようになる。

さらに注目を集めたのは明治に入ってからだ。江戸幕府が倒れ、鎖国が解かれて、諸外国との交易が始まったが、上州の質のいい生糸は輸出産品として人気になったのだ。そのため明治政府はさらに製糸業を発展させるべく、フランス人技術者を雇い、ヨーロッパの技術を取り入れた近代的な大工場を高崎の南西に建設する。これが、いまは世界遺産となっている富岡製糸場だ。

当時は世界最大規模の製糸工場だったというが、ここが群馬における絹産業の拠点となり、

明治日本の輸出を支え、外貨を稼ぎ、富国強兵の一翼を担った。周辺にも関連産業が育ち、そこで働くための人々が全国から集まってくる。「よそもの」の労働力を活用して地域が栄えていくという東毛の性格は、明治からのものであるのかもしれない。

で、この富岡製糸場の建設に尽力した人物こそが、かの渋沢栄一なんである。このお方、日本初の銀行や証券取引所を開設したり、現存するさまざまな大企業の創設にも関わった、明治を代表する実業家、財界の巨人だ。2024年から流通する予定の新一万円札にも描かれる。

彼は明治政府の大蔵省（現・財務省）にいたこともあるのだが、そのときに富岡製糸場の設置主任、すなわち立ち上げのスタッフに任命された。農家出身で養蚕に詳しかったからだ。フランス人技術者を招聘《しょうへい》したのも彼だといわれる。

つまり渋沢栄一が群馬の養蚕業の基礎を築き→それを土台に戦後は重工業が発達し→工業地帯を結ぶために国道354号線が開発・整備され→そこに労働力としての外国人が流入してくる……といった流れになる。すなわち〝近年の北関東ダイバーシティの原点は、渋沢栄一にある！〟と断ずるのは言い過ぎだろうか。

その渋沢栄一は、現在の埼玉県深谷市に生まれた。移民タウンの伊勢崎市、太田市から、354と工業地帯の水源たる利根川を挟んですぐ南だ。いまは旧渋沢邸が公開されているほか、渋沢栄一記念館も建てられ、観光地になっている。新一万円札が発行されれば、きっと賑わうことだろう。

そして実に面白いことに、この旧渋沢邸のすぐそばには、タイ寺院ワット・プッターラー

354

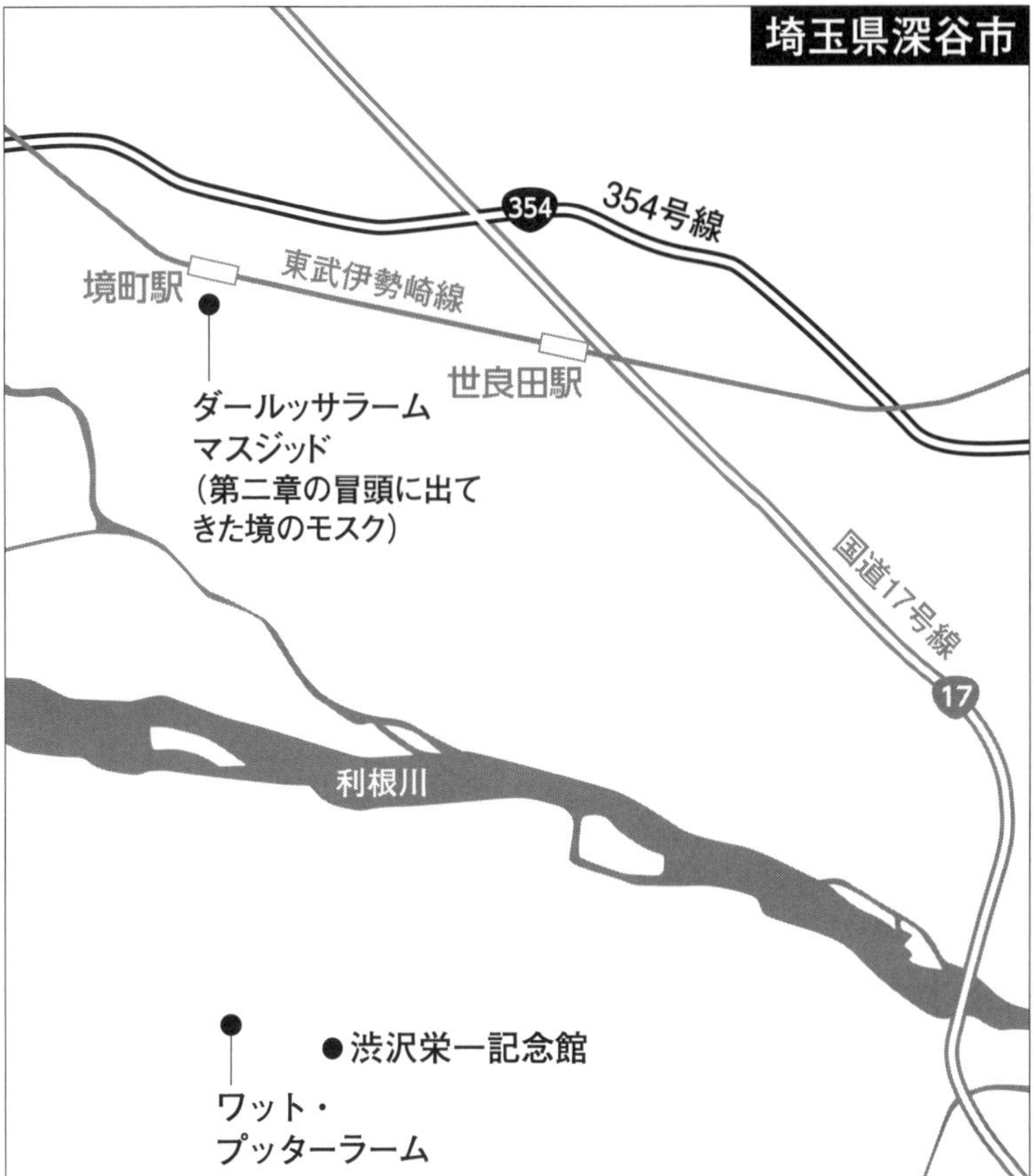
埼玉県深谷市
354
354号線
境町駅
東武伊勢崎線
世良田駅
ダールッサラーム
マスジッド
(第二章の冒頭に出て
きた境のモスク)
国道17号線
17
利根川
渋沢栄一記念館
ワット・
プッターラーム
小山川
500m

ムがあるのだ。畑のそばの民家を改装したこぢんまりとしたものだが、週末になると近郊に住むタイ人たちが集まり、タイ料理を持ちよってのんびり過ごす場所になっている。タイ人もまた北関東の工業化のもと、出稼ぎ労働者として、あるいは工業地帯にはつきものの夜の街で働くために、バブル期にやってくるようになった。そして異国暮らしの慰め、心の支えとして、お寺をささやかに営んでいるのだ。

生家のすぐそばでタイ人が憩う様子を、渋沢栄一はあの世からどう見ているのだろうか。

第五章　古河　畑の中にぽつんとアジアン長屋

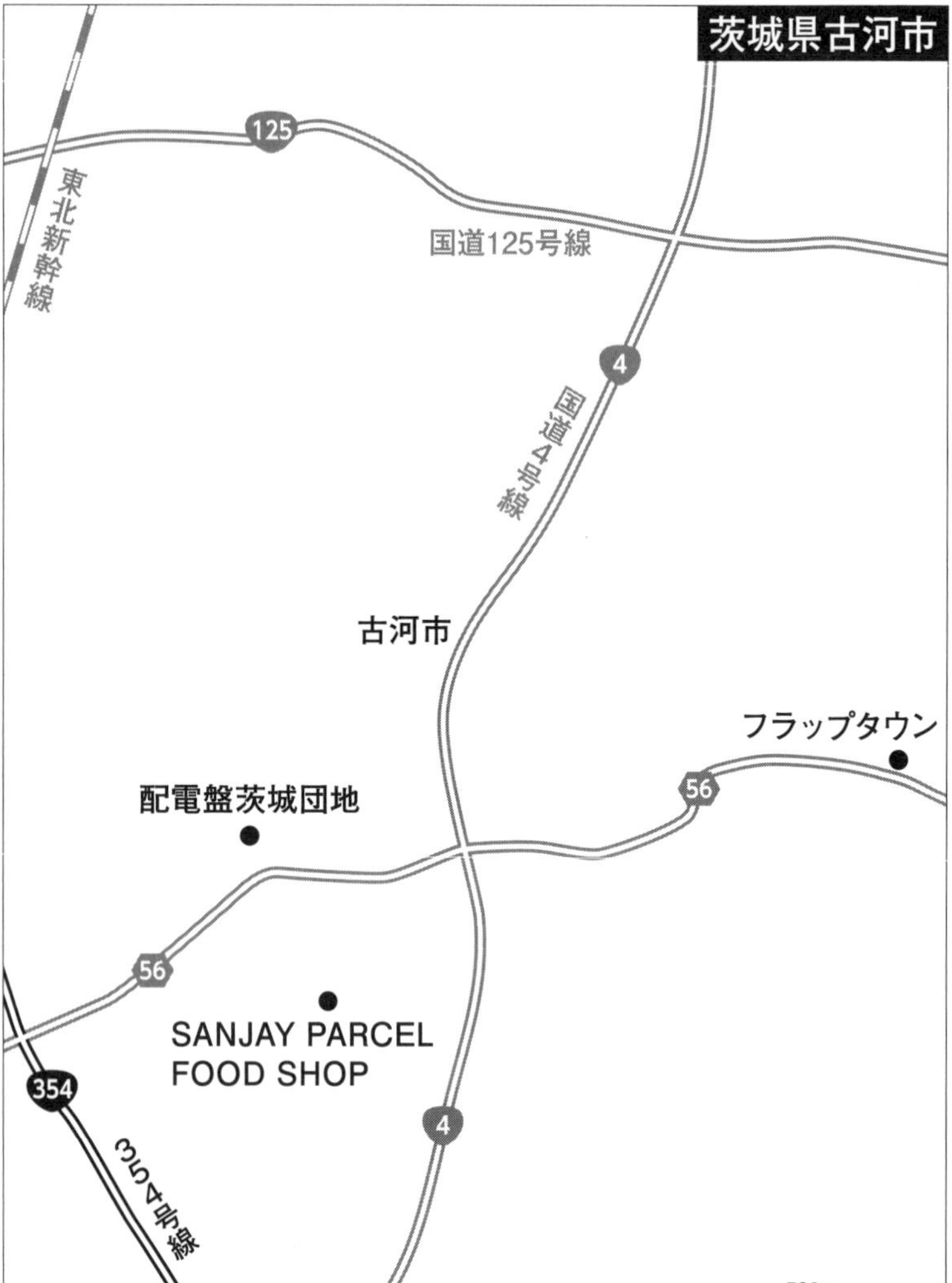
茨城県古河市
125
東北新幹線
国道125号線
4
国道4号線
古河市
フラップタウン
56
配電盤茨城団地
56
SANJAY PARCEL
FOOD SHOP
354
4
354号線
500m

「都道府県魅力度ランキング」最下位からの逆襲

群馬から始まった354の旅も、栃木を巡り埼玉をかすめて、いよいよ茨城に突入する。僕は高揚していた。「日本の中の異国探検」を好む比呂さんや僕のような趣味者にとって、茨城はほとんど聖地のような場所だからだ。

なんといっても驚くのはその多様性であろう。群馬や栃木でも出会ったブラジル人やペルー人やパキスタン人、ネパール人やベトナム人やインドネシア人に加えて、茨城に入るとスリランカ人も増える。それに古くから暮らすタイ人のコミュニティも点在しているから、元タイ在住者の僕にとっては楽しみだ。彼らの営むタイ寺、スリランカ寺、それにターバンで有名なあのシク教の寺院もあるらしい。モスクだって日本にあるのはたいていスンニ派のものだが、茨城にはきわめて珍しいシーア派のモスクがあるそうな。加えて最近ではヒンドゥー寺院まで登場したと聞く。茨城は民族・宗教のモザイク地帯といえるのだ。そこではきっと、きわめてローカルな異国飯も楽しめるに違いない。

茨城県は毎年毎年「都道府県魅力度ランキング」でビリを争っているというが（2021年も最下位、2022年は46位のブービーだった）、僕たちにしてみれば実に納得のいかない調査結果といえる。これほどアメージングで、発見と驚きに満ちた自治体はないと思っている。

まず茨城県の入り口からして面白い。354を西側の群馬からカッ飛ばして茨城第一関門ともいうべき古河市に入ったはいいのだが、このあたりを走っていると「群馬県」と「埼玉県」と「栃木県」と次々にカンバンが登場し、何度も県をまたぐ。ここは4つの県が複雑に入り組む、県境モザイク地帯でもあるのだ。

その中心ともいえる場所が、354のすぐ北にある。埼玉・群馬・栃木の県境が交わる、その名もズバリ「三県境《さんけんきょう》」である。田畑を区切る用水路がそのまま県境で、三叉路のようになっているポイントで3つの県が接しているようだ。小さな看板が立ち、近くにある道の駅「かぞわたらせ」に来た人たちがついでに立ち寄っている。ささやかな観光スポットでもあるらしい。いわば北関東ゴールデントライアングル。だが、県境を巡って紛争が起きたりはしないのだろうか。

ちなみに、いまでは小さなこの用水路は、かつてもっと大きな流れだったそうだ。渡良瀬川である。以前は川を県境としていたのだ。それが変わったのは1910年（明治43年）のこと。渡良瀬川の改修工事によって川筋が変わり、そばには渡良瀬遊水地もつくられた。その結果、三県境ポイントは干上がって陸地となり、その後に農地として整備されて水路が走り、いまに至るというわけだ。

で、どうして改修工事が行われたのか。きっかけは、かの「足尾銅山鉱毒事件」である。渡良瀬川の上流にある足尾銅山は明治時代の日本の近代化を支えたが、同時に公害も生み出した。銅山開発のために山の森林を伐採することで土地の保水力が失われ、下流域では洪水が多発。そしてその洪水には、銅山から流れ出た銅イオンや重金属、カドミウム、ヒ素などの「鉱毒」が含まれていた。そのため下流一帯で健康被害や、不作、不漁が広がり、栃木の政治家・田中正造を中心とする抗議運動が巻き起こったことはあまりにも有名だ。

　対策として、渡良瀬川の下流域に遊水地をつくり、そこへ鉱毒を流し、沈殿させる計画が進められた。こうして渡良瀬川の流れが変わって三県境があらわになり、渡良瀬遊水地が生まれたというわけだ。やはり354沿線には日本の近代史のさまざまな姿が刻み込まれているのである……なんてことを考えつつ、新三国橋で渡良瀬川を越えて古河市に入る。このあたりの沿岸には、足利氏の一派・古河公方《くぼう》が支配する古河城があったそうだ。明治初期の廃城令でお取り潰しとなり、前述の渡良瀬川改修工事に伴ってすっかり撤去されてしまったのだが、城があったほど古河は昔から地域の中心都市だったわけだ。そして明治期から製糸産業が栄え、それを基盤とした工業地帯として発展し、そこに外国人が流入してきた……という流れは群馬・東毛地域と同じである。

「小学生の頃だから、80年代後半ですかね。このへんパキスタン人がいっぱいいたんスよ」

　カレーを作りながら、鹿島信治さん(45)は話す。古河市の住宅街の一角で南インド料理店「SANJAY PARCEL FOOD SHOP」を営んでいるのだが、このカレーが抜群にうまい。

「今日はバナナの花を仕込んだんスよ。花を刻んでアク抜きして、ココナツオイルやマスタードとかと炒めて」

　そのバナナの花からつくった付け合わせや、何種類ものカレーがどかんとメシに盛られる。すごいボリュームなんである。

「ひとつのアパートにパキスタン人が固まって住んでるところもあって。みんな近くの工場で働いてましたね」

おそらく不法就労の人々だったのだろう。その後、彼らと入れ替わるように今度はブラジル人が増えていったそうだ。

「この近くにも配電盤茨城団地とか、北利根工業団地なんかがあるんですが、そのへんで働いてたみたいです。いまでも工場の人からは、『やる気のない日本人よりも外国人を雇ったほうがいい、ちゃんと働くから』なんて聞きますよ」

いまではブラジル人に加えて、古河でもベトナムやインドネシアの技能実習生が急増している。こうした経緯も群馬・東毛とそっくりだ。

「毎朝、うちの子どもを学校に送る時間によく見かけるベトナム人たちがいるんです。同じ制服を着て。あいさつするうちに親しくなって、話を聞いたら積水ハウスで働いてるって。技能実習生ですね」

昔はパキスタン人の不法就労者が、いまはベトナム人の実習生が、同じような小さなアパートで暮らしているという。時代が移っても、外国人に地域の産業が支えられている構図は変わらないようだ。

気さくに話してくれる鹿島さんだが、「カレー界隈」では有名人なのだ。音楽をきっかけにインド文化にのめり込み、それから南インド料理にハマり、「マサラワーラー」という料理ユニットを結成。日本各地を回って南インド料理を提供し、料理教室やイベントを開く。その本格的な味と、インドへの深すぎる愛と知識、常に豪快に笑っている陽気なキャラもあって、スパイスカレー界ではカリスマ的な人物なのである。

そんな鹿島さんがつくる南インド料理を食べに、話している間にもひっきりなしにお客が来る。基本的にはテイクアウト専門だ。失礼ながら古河という茨城のすみっこの、そのまた住宅街なのに、次々にファンが訪れるのはさすがカリスマなんである。

「外国人も来ますよ。ブラジル2世の人が、お母さんがブラジル料理の店をやりたいんだけどどうしたらいいんでしょうって相談に来たり。この前はホラ、ペルー人がこういうの持ってきたんスよ。うちの店に置いてくれって」

外国人向け派遣会社のチラシであった。群馬の太田から営業にやってきたのだそうだ。日本人のつくる南インド料理を食べながら、ブラジル人やパキスタン人の話で盛り上がる……。まさにアメージング茨城なのであった。

タイ、パキスタン、バングラデシュ、日本が同居する

鹿島さんの店を出て、古河市内を走ってみる。354はいつの間にか、群馬よりもずっと細い道になっていた。一車線のみだ。それも群馬のような直線ではなく、ゆるやかにくねっている。左右は民家や畑や雑木林で、歩道もない部分もところどころある。それでも幹線道路ではあるので、でかいトラックもけっこう走っている。学校に歩いて行き帰りする子供たちが心配になる。群馬サイドの354は広域産業道路としてバイパスになったが、茨城では大規模な開発はまだ進んでいないようだ。

それに畑が多いな、とも感じる。さすがは日本屈指の農業県だ。そして畑の向こう、はるか彼方にそびえるのは『常陸国風土記』にも登場する紫峰《しほう》、筑波山《つくばさん》である。標高877メートルだというが、もっと存在感を放っているようにも見える。まさしく関東平野のヌシ。

群馬とはずいぶん、景色が違うなあ……。そんなことを考えていると、古びたタイ料理屋を通り過ぎる。インドネシアの飯屋も見かけた。ちらほらと移民の店もあるのだが、どこもくたびれた店舗をそのまま居抜きで使っている、北関東ではよくある佇まい。そして古河には、そんな移民ショップが密集している場所が存在するのだ。

それは茨城県道56号線に沿った、畑の中。平屋建てのタウンハウスが並列する敷地にクルマを乗り入れてみれば、ドシンドシンと地面が響くような大音響に包まれる。どこからか流れてくる音楽で、まるで野外ライブのようなのだ。はたして南アジア系と思しき男たちが、盛大にバーベキューパーティーを催しているのであった。

「いままでは毎年やってたんだけどさ。ずっとコロナだったからね、3年ぶりだよ」

そう話すのはバングラデシュ人のおじさん。どうもこのパーティーのホストらしい。目の前にあるハラル&アジア食材店のオーナーだという。

「ほら、これ食べてって」

いきなり取り皿を渡され、炭火で焼かれた骨付きのチキンやら、スパイスをまぶしたサカナやらがぽんぽん載せられる。コンロの端にはナベも置かれて、カレーがスパイシーな香りを立てている。かと思ったら東南アジア風のおばちゃんが、「はあい、これも」と春雨のサラダを取り分けてくれた。タイ料理のヤムウンセンではないか。

「こんたい・ちゃいまい・か?」

嬉しくなって「タイ人ですか」と思わずタイ語で聞いてみれば笑顔で頷き、「そこのイサーン料理屋だよ」と話す。イサーンとはタイ東北部のことだ。タイ食材も売っている。「タイのカラオケもある。歌える？」なんて言われる。なんでも、このイサーン料理屋もバングラのおじさんが経営しているのだとか。だからタイ人のおばちゃんも久しぶりのこのパーティーを手伝っているのだ。

よくよく見てみれば飲み食いしている連中の顔立ちは南アジアと東南アジアが混在している。言葉は日本語だ。酔っぱらっているように見えてノンアルコールビールを飲んでいる意外にマジメなムスリムもいる。日本人もいる。なんとも多彩だが、これこそが古河名物（？）「フラップタウン」なのだ。

「ここにはパキスタンのレストランとハラルショップが計3軒、それからさっきのバングラデシュの人の食材店と、タイの店、あと日本人のラーメン屋とパスタ屋と……」

そう教えてくれたのは、パキスタン料理店「ドゥニヤ」のオーナー、アザール・リズワンさん（39）。店の名物はビリヤニ（南アジア風の炊き込みご飯）で、チキンとともにふわりと炊かれたご飯はスパイスの香り高く、食欲をそそる。もりもり食べていると、傍らでは優雅にティータイムを楽しんでいる子連れのママふたり。こちらはスリランカ人だそうな。お店のスタッフとの会話はやはり日本語だ。

「もともとクルマのビジネスをやってたんだけどね」

アザールさんも多くのパキスタン人と同様に中古車ビジネスの出身だ。小山に住んでいたこともあるという。飲食業にも手を広げるべくフラップタウンに出店したのは２０２１年のことだ。

「ここは駅から遠いこともあって、家賃が安いんです」

それにまわりの店舗も外国人ばかりで、雰囲気はもはや日本ではない。外国人にとっては居心地も良かろう。加えてフラップタウンの大家はきわめておおらかな人物のようで、内装を自由にいじれる。だから「ドゥニヤ」も、もともとはスナックでかんたんなキッチンしかなかった物件に入ったが、壁をブチ抜きキッチンを増設したそうだ。好きにＤＩＹをして自分のスタイルでやりたい南アジア・東南アジアの人々の性にも合っているのだ。

畑の真ん中のダイバーシティ

かつてフラップタウンは、マニアにはよく知られた風俗街だったそうだ。だが２０００年代半ば、夜の店は忽然と消えてしまったという。ボッタクリが横行していたので摘発された、とも地元では語られている。

ともかく店舗が空いてしまった。それを遊ばせておくのもなんなので、外国人も店子《たなこ》にするようになったところ、だんだんと多民族化が進んでいった。というのも、これだけ外国人労働者が多く、また受け入れの歴史も古い古河ですら、外国人に部屋や店舗を貸す物件はまだまだ少ない。だから外国人でもＯＫという場所への集住が進むのだ。

これは北関東のほかの町でも見られる現象といえるだろう。とりわけ歓楽街では目立つ。摘発もあろうが、多くは過疎化によって撤退した夜の店の跡地に、アジアの店が入っていくのはもはや定番の光景と言える。歓楽街の雑居ビルのオーナーなんかは、海千山千の店子を相手にしてきたぶんだけ、国籍で人を見ないところがあるのだろうか。

こうして老朽化したテナントが、少しずつアジアに侵食されていく。なんだか朽ちた古代遺跡が熱帯雨林に呑まれていく様子にも重なるが、それが北関東の現実だ。そして同じようなことが日本各地で起きている。

もちろん当の本人たちに、侵食している気なんてまったくない。たまたま安く貸してくれる物件がここにあったから、集まってきただけのことなんである。そしていつの間にか多民族になったフラップタウンの生活を、アザールさんやスタッフの日本人の方が教えてくれる。

「タイのお店に買い物に行ったら『賞味期限が近いから使っちゃって』なんて食材とかもらったり。奥には韓国のマッサージがあるんだけど、そこのお姉さんが畑をやっててね。唐辛子とかエゴマとかネギなんか育ててる。うちで唐辛子を使うことをよく知ってて『コレ持ってって』なんて言われることも。まあ、長屋付き合いですよね」

そして今日は、実に久しぶりのバーベキューということで、長屋の住民たちや、その友人知人が集まり、大音響の中でひととき楽しんでいるというわけだ。畑が連なる茨城の田舎に、東京でもあまり見ないようなダイバーシティが実現しているのであった。

とはいえ、店舗の中には多民族軍団にあまり関わりたがらない日本人もいるそうだ。そこは人それぞれだろう。考え方も人づきあいもみんな違って当然だ。まして、パーティーとはいえこの大音響をどう思うのか。まわりは畑でそれほど響かないだろうが、敷地の中には聞こえるわけで、迷惑だと受け止める人もいるかもしれない。日本人側からのそんな視点についても、外国人コミュニティを巡っていると考える。

フラップタウンのアイドル

バーベキューを楽しむ人々の中に、なんともふしぎな顔があった。コスプレっぽいセーラー服を着た日本人の女の子が、バングラデシュ人に囲まれてにこにこ笑っているのである。彼女こそフラップタウンのアイドル、るなちゃんだ。

この敷地の奥には2階建ての長屋も並んでいるのだが、るなちゃんはそこに入っているコンセプトカフェ「サンタクララ」のキャストなんである。店は2021年10月にオープンしたのだが、

「そのときからずっと働いています」

と話す。そのかわいい声を聞いて、となりに座ったバングラデシュ人のおじさんはにやにやと目じりを下げて実に嬉しそうだ。コンセプトカフェ（コンカフェ）とは、あるテーマや世界観でまとめられたカフェのこと、であるらしい。メイドカフェの亜流として人気になっているようだ。猫がコンセプトとか、特定のアニメのコスプレをするカフェとか、山のようにあるそうだが、るなちゃんのお店は「サンタクロース」がテーマだった。

「でも、いつの間にか女の子がいろんなコスするようになっちゃって」

と笑うのは「サンタクララ」の店長さん。取材時（2022年6月）はお店が改装中ということもあって、スタッフみんなでバーベキューパーティーに参加しているということだった。

「お店には日本人も、外国人も、いろんなお客さんが来ますよ」

ところが、るなちゃんのほうはコンカフェなんて仕事は初めて。それまでは接客といってもレジのアルバイトくらいで、「サンタクララ」も「なんか楽しそうだな〜と思って」くらいの

ノリでオープニング・スタッフに志願した。近くの町に住んでいるが、フラップタウンの存在も知らず、外国人の店ばかりが並ぶ様子に、

「面接のときに、ホントにここでいいのかな……って不安になった」

のだという。そして店の開店初日にして、勤務初日。おおぜいの日本人客、外国人客が殺到したが、るなちゃんは緊張でほとんど話すことができなかったのだという。

「だから辞めちゃうかな、大丈夫かなと思ったんですが」

そんな店長の心配をよそに、るなちゃんは意外にもたくましく働き続けた。外国人との会話にも次第に慣れ（もちろんお互い日本語だ）、連絡先を聞き出そうとするしつこいお客のあしらいも上手くなった。いまでは彼女目当ての日本人も外国人もたくさんいる、店のエースなのである。

フラップタウンの人々ともすっかり仲良しのようだ。ヤムウンセンをつくっていたタイ人のおばちゃんに「るな！」と呼ばれて、みんなのほうへ小走りで向かう。バングラデシュの若い男たちや、タイ人の女の子たちと一緒に写真を撮り合っている。外国人の輪の中に自然に佇んでいる感じが、なんとも面白い。のんびり朴訥とした口調で、るなちゃんは言う。

「うちの近くにも、外国人がよく来る食材店があるんですよ。前はそういうの見て、『こわいなー』とか思ってた。でも、お店で働いて、外国人と話すようになってからは『あ、いるなー』みたいな（笑）。少なくとも、こわいとは思わなくなった」

彼女のような日本人も、きっとこれから増えていくのだろう。

コラム　急激な国際化の裏にあるもの

北関東を旅していると実にたくさんの外国人に出会う。彼らにいまなにをしているのか、仕事を訊ねるのは常なのだが、ときどきこんな答えが返ってくる。

「私いま、ナンミン」

難民である。しかし、彼らに果たしてrefugeeとしての意識があるのかといえば、たぶんあまりない。母国で迫害されたわけでも、戦乱から逃れてきたわけでもない。実に軽いノリで「ナンミンなんだよね」と教えてくれる。

彼らはロヒンギャやクルドや、それに80年代のインドシナ難民など、本当に命の危険がある祖国から難を逃れてきた民ではなく、「便宜上の難民」なのである。いったいどういうことなのか。

第三章（→P91）でも触れたが、私は難民なのですと入管に申し出ると、本当に難民であるのか審査することになる。その沙汰が下るまでは、本来であれば入管施設に収監するところ、人道的観点からシャバにいることを「仮」に許可して「放免」する……「仮放免」という立場で、この国に滞在することになる。

しかし、「仮放免」では就労ができない。そして日本政府は基本的に難民を認めない、受

け入れない方針だ。審査を待ったところで、難民認定は下りないのが実情だ。２０２１年の場合、２４１３人の外国人が難民申請を行ったが、難民として認められたのはわずか74人となっている。

そこで、難民という立場に固執せず、別の在留資格を取得して日本に住み、働く道を模索する人もいる。「仮放免」から「特定活動」という在留資格への移行を目指すパターンが多いようだ。この「特定活動」は、「留学」「技能実習」「技能（コックなど）」「経営・管理」といった一般的な在留資格に該当しない、さまざまな立場の外国人の受け皿となるもので、カバーする範囲はきわめて広い。研究者やワーキングホリデー、インターンシップ、また卒業後も就職活動を希望する留学生などなど多岐にわたる。そのひとつに難民申請中の人々も含まれる。

「特定活動」は原則として週28時間以内だが就労もできるし、故郷に帰れない難民たちが日本で人生をやりなおすための、ひとつの目標ともなっている。難民認定はされなかったけれど、「特定活動」を取得できたので働ける、社会保険にも入れると喜んでいる人は多い。館林のロヒンギャの中にも、何年間も仮放免で耐え続けて、ようやく「特定活動」がもらえたと安堵している方がいた。

しかし、このルートが「方便」として使われてしまっているケースが増えているのだ。とくに母国で迫害されているわけでもないのに難民申請し、「特定活動」に移行することで合法的な就労を目指す。あるいは過酷な環境の職場から逃げてきた技能実習生が難民申請するケースも増えている（これはこれで日本国内の迫害から逃れた難民といえなくもない）。コロナ禍で仕

事を失いビザも切れた人がとりあえず難民申請することもある。ほとんど「ツナギ」の扱いなのである。あるいは本人たちも「難民」という日本語が「refugee」を意味すると知らないのかもしれない。ビザのアレンジを生業とする行政書士や派遣会社などのアドバイスに従っているだけの人も多かろう。だがともかく、難民申請が「特定活動」を取得するためのプロセスのひとつ、としか思われていないフシがある。

そんな「難民」がいま、北関東に急増している。

「うちに仕事を探しに来る外国人の8割くらいが〝難民申請中〟や、そこから移行した〝特定活動〟じゃないでしょうか」

群馬県内に拠点を持つ、ある派遣会社のスタッフYさんは言う。

「国籍は本当にいろいろ。ネパール、インドネシア、カメルーン、スリランカ、バングラデシュ……」

実に多様な「難民」たちが集まってくるという。紹介されるのは工場が多い。下請けの中小の工場で身体を動かす。立場はどうであれ「とくにインドネシア人やネパール人、パキスタン人あたりは真面目に働くし、助かっている」という声も聞くそうだ。そもそもどうして多国籍な「特定活動」が北関東に増えているのかといえば、ここでもやはり「仕事があるから」だ。

コロナ禍で製造業も減産するところが多く、きつくはあるのだが、それでも人手は恒常的に不足している。日本人がやりたがらない肉体労働の現場はなおさらだ。そして、コロナ禍による入国制限のため、どの現場でも外国人の技能実習生に頼れない時期が2年ほど続いた。

留学生も同様に新入生がいないから、彼らのアルバイトで保っていたような会社も人が足りない。国の家族を案じて帰国する人もいる。コロナ禍によって外国人労働者が減っているのだ。新規の外国人が入ってこないのだから、そのぶん国内にいる外国人で回していかなくてはならない。だから、本来なら「特定活動」を取れないような立場でも、あからさまな偽装の難民申請からでも、移行しやすくなっている。運用が甘くなっているのだ。労働者が足りない現場があまりにも多いことによる入管の差配だとみられているが、この現象はとりわけ工場の密集する北関東で顕著だ。

働きたい外国人、人が足りない労働現場、両者のニーズをうまいこと「特定活動」で調整していると言えなくもないが、本来の意味で難民申請している人たちはいったいどう感じるだろうか。

入管特製、在留カード偽造判別アプリ

いま北関東で大きな問題となっているのは、在留カードの偽造だ。これは日本に3か月以上滞在する外国人に交付され、携帯が義務づけられている身分証明書。顔写真と一緒に、名前や住所、在留資格、就労の可否といった個人情報が記されている。運転免許証と同じ大きさだ。外国人はさまざまな場面でこのカードを提出する必要があるのだが、偽造が横行している。なんらかの理由で自分の在留カードの期限が切れて更新もできない人、あるいは観光などの短期滞在で来ているのではじめから持っていない人などがニセのカードを使って派遣会社に登録、就職しようというものだ。法を犯してまでやることは「労働」というのだから

マジメなのかフマジメなのかわからなくなってくるが、これが北関東ではあまりにも多い。

「だから、在留カードのチェックアプリってのを使ってるんですよ」

Ｙさんがスマホを手に教えてくれた。「在留カード等読取アプリケーション」をタップする。これ、なんと出入国在留管理庁つまり入管謹製のアプリなんである。どれだけ偽造が多いかが窺い知れるが、まずここに在留カードの番号を入力する。そしてスマホに在留カードをかざすと、内部のＩＣチップが読み取られる。その情報がスマホに表示されるので、在留カード原本と見比べて、正しいかどうかを判別する。表示が違っていたり、ＩＣチップが読み取れないと、ニセモノの可能性が高い。

「このあたりの派遣会社ではみんなコレをインストールしていると思います。読めないカードを持ってきた人は採用しません」

２０２１年12月には、３５４の始点でもある群馬県高崎市に住所を持つ中国籍の男が、在留カードを偽造した容疑で逮捕されている。しかし密造業者はほかにも多数いるとみられており、北関東には「桐生（群馬県）の山中にヤミ工場があるらしい」なんてウワサも流れている。

「それと正規の在留カードの貸し借りも目立ちますね。これはアフリカ系が多い。顔写真を見ても、正直なところアジア人の私たちでは似た顔立ちの黒人の判別がつかないことがある。似ている他人の在留カードで派遣会社に登録して仕事を探すんです」

加えて、正規の在留カード１枚をコピーして、ばらまくという手口もあるそうだ。国際運転免許証の偽造も増えているという。そこまでして、この国で働きたい、稼ぎたいという外

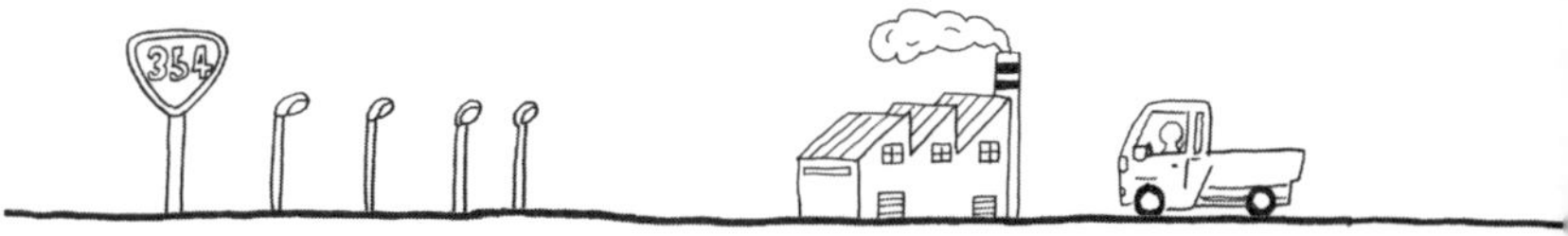

国人がいる。そして北関東には、1980年代に不法就労の外国人に依存していた経験から、偽造の身分証でも働かせてしまう工場、派遣会社が無数にある。

「うちは絶対に採らないですが」

とYさんは前置きしつつ、

「派遣会社によっては身元があやふやでも見て見ぬふりのところがあります。メーカーの下請け工場に派遣しているところが多いでしょうか。メーカーの需要に応じて、この期間にこの作業をする人を何人、といった感じで派遣会社に注文が来る。それを埋められないと業績に関わるので不法でも目をつぶるんです」

こういったところで働けば、当然だが社会保険はない。人件費としても計上していないので給料は現金手渡しだ。スポット派遣のような形だから、数か月でその仕事が終わってしまうこともある。そんな悪条件でも働く人材を求める企業が、北関東にはたくさんある。そしてそれでも働くという外国人もまた多い。これを助長するのはコロナ禍だ。新規入国の外国人労働者が少ないから国内にいる外国人を活用しようという動きが入管行政の運用を緩め、立場の不安定な人々でも就労できるようになり、彼らが仕事のある北関東に集まってくる……そんな構図が浮かんできた。

コロナは不法就労バブル？

北関東の外国人たちの相談を頻繁に受けているという行政書士のSさんが語る。

「この地域で不法に働いている外国人は相当数いるでしょう。でも、なかなかまとまった摘

発はできないと思います。地域の製造業に必要な存在になってしまっているので」

80年代と同じことが起きているのかもしれない。あの時代は、法律を改正し日系人を受け入れることで労働力の合法化を図り、町工場を支えた不法就労者を切り捨てたが、今回はコロナが流れを変えるだろうとSさんは言う。

「コロナ禍はオミクロン株の定着から世界的に終息し、どの国でも出入国が正常化しつつあります。技能実習生は2022年3月から段階的に入国が再開されました。彼らは、合法的な労働力です」

技能実習生が戻ってくれば、不法な労働力はカットされていく。それに「特定活動」の運用も締められるだろう、というのがSさんの見方だ。

「すでに、入管に行っても特定活動の更新ができない、更新できても3か月程度の在留期間しかもらえないという話も出てきています」

もう用済みなのである。まさに雇用の調整弁だ。コロナによって北関東でいびつに進んだ多国籍化は、コロナによって終息していく。バブルのようなものかもしれない。

「今後、難民申請や特定活動の人は北関東から減っていくでしょうね」

とSさんは言う。日本はバブル期から不法・合法の外国人労働者を使い分けてきたが、コロナ禍でも同様だったということだ。しかし、Sさんの呟きが重く響いた。

「こうして外国人を使いつぶす工場や派遣会社というのは、日本人従業員にとってもブラックな環境というところがほとんどなんですよ。結局日本人は、国を問わず労働者を大事にしてこなかったということです」

第六章　境　食べて、祈って、集まって

茨城県境町
シク寺院
境古河インターチェンジ
IC
圏央道
468
国道468号線
シク寺院
（元旅館）
パンジャブ料理店
道の駅さかい
354
利根川
354号線
パシュトゥン民族の
多いモスク
パミールマート
坂東店
500m

インド人と並んでメシを食う

部屋の中はターバンを巻いたガタイのいい男たちでいっぱいだった。あぐらをかいて座り込み、神妙に頭を垂れている。僕もターバン代わりの頭巾《ずきん》を頭に巻いて、座にお邪魔させてもらっていた。そこに響き渡るのは、朗々たる詠唱だ。ひときわ大きなターバンを巻き立派なひげをたくわえたグランティーと呼ばれる僧侶が、聖典に記された詩を読み上げているが、まるで歌うような伸びやかさだ。

祈りの声は1時間以上も続いたろうか。その間も、次々にターバンの男たちやサリーをまとった女性たちがやってきて場に加わり、詠唱に耳を傾ける。とはいえ、ものすごく厳粛といった感じでもなく、こっそりスマホに目を落としている人もいれば、僧侶やみんなの動画を撮ってる人、親に注意されながらもはしゃぎ回っている子供もいたりして、のどかな雰囲気だ。

そして祈りと、なにやら説法が行われたあと、ひとりひとりにモチのようなものが配られた。隣のおじさんが両手を合わせて広げ押し戴いているので、僕も真似てみる。口にしてみると、目が覚めるような甘さだ。カラー・パルシャードといって、小麦粉や砂糖、バターなどからつくったものらしい。食べ終わる頃をみはからって、ティッシュを配る女の子が回ってくる。それで手を拭くと、回収係の男の子がごみ袋を手にやってきた。

再び祈りの声が起きる。僧侶が聖典を頭上に掲げ、大事に大事に運んでいく。詠唱しながら隣の建物の扉を開け、そこに聖典を安置すると、礼拝はいち段落といった空気に包まれた。

「ほらこっち、座って」

誰彼となく、日本語で促される。中庭に大きなカーペットが敷き詰められ、列を作って座り込む。なんとなく男女で分かれているようだ。そして手際よく、食器が配られた。バケツを持った男たちが、そこにどんどん食べ物を入れていく。ダル（豆の煮込み）、サブジ（野菜のスパイス煮）、ロティ、ヨーグルト、サラダ……バナナまで配られた。ロティを手でちぎり、ダルをすくって食べてみる。家庭的というのか、素朴な味わいで美味しい。思わず隣のおじさんに「うまいっすね」と言うと、嬉しそうににやりと笑うのだった。

ここは日本では数少ない、シク教の寺院「グルドワーラー」だ。インド北西部、パンジャブ地方で信仰されている宗教で、インドを中心に全世界に信徒を持つ。シク教の男性は「自然のままに」という教えから髪を伸ばし続け、これをまとめるためにターバンを巻く。それにひげも伸ばす（どちらも強制ではなく、ターバンを巻かない人、ひげを伸ばさない人も多い）。インドで最も広く信仰されているヒンドゥー教とは異なり、カーストや身分の違いに否定的で、職業選択の自由もあることから海外に飛び出すシク教徒も多かった。「インド人＝ターバンを巻いたひげ面で恰幅のいいおじさん」という僕たちの固定観念はどうもここから来ているようで、その姿をしたインド人は一般的なヒンドゥー教徒ではなくシク教徒の可能性が高い。

で、彼らはここ茨城県の境町にグルドワーラーを持っているのだ。月に一度ほど集まり、祈りを捧げ、それから「ランガル」といって立場に関係なく同じように座って同じメシをともに食べる。カースト制に対するアンチテーゼ的な儀式でもあるという。このランガルこそがシク教のオープンマインドと寛容さの象徴のようなもので、世界中のグルドワーラーで行われているし、日本でも同様なのだ。だから僕のような異教徒でも誰でも歓迎してくれるが、ターバン姿のインド人たちがいっせいに食事をする光景はもはや日本とは思えない。なんとも異国感たっぷりなのだ。まわりは畑に囲まれた茨城の農村で、そのアンバランスさがなんとも面白い。そして実にさまざまな人が顔を出していた。

「今日は朝から来て、掃除したり野菜を買ってきて料理つくったり、ボランティアでやってます」

そう話すのはシング・ジョグモハン・プリートさん（24）だ。どこのグルドワーラーもこうした善意で運営されている。今日のうまいダルを煮込んでくれたのも彼だし、ランガルのときには配膳にも忙しく立ち回っていた。だから食事もいちばん最後だ。たいへんじゃないの、と聞いてみると、

「自分のココロの幸せのためにやってることだから」

と涼しい顔。日本に来て10年、同じ境町に住んでおり、仕事は建築業だ。父はインド食材の店を営んでいるというが、多くの日本人と同様に、景気は良くない。

「俺もっスけど、コロナで仕事がうまくいってない人もいます。ストレス溜まってる人もいます。でも、ここに来ると少し楽になるんスよ。いろんな人が来るし、友達もできる。今日も、千葉とか横浜から来てる人もいます」

日本人の若者のような口ぶりで語る。お寺は単に祈りの場所というだけではない。同じ文化の人々が顔を合わせ、近況を語らい、また新しい顔と出会える場だ。ともに飯を食えば打ち解

けるのも早かろう。異国暮らしの慰めにもなる。社交場なのだ。だから誰もが、外国でもこういう場所を求める。日本人も明治から昭和にかけてアメリカ大陸に移民していった人々は現地で神社を建立したし、僕が暮らしていたタイには日本人納骨堂があり日本人僧が常駐している。そしてここ北関東では、モスクや教会や、同じ仏教でもタイ、スリランカ、ミャンマーなどの寺院があり、そしてシク教のグルドワーラーもある。そんな場所で仕事を抜きにしてボランティアとして奉仕することが楽しみという人がけっこういるのだ。とはいえ誰もがマジメでお堅いわけではないようで、

「コロナ早く終わるようにとか、みんながハッピーであるようにとか、そういうのも祈るんスけど。神さま俺いま新しいクルマほしいんス、だからお寺でナベ洗います……って祈ることもありますよ」

なんて笑うのだった。

彼のほかにも建設や解体といった業界で働くシク教徒は多い。パンジャブ地域の人々特有の身体の大きさ、力の強さがあるからだろうか。マンディップ・シンさん（28）もそのひとりで、ほとんどプロレスラーのような迫力だ。

「埼玉の志木から来ました。父親が解体の会社を持ってて、そこで自分と弟も働いてるんです。2階建ての家を中心に解体してます。日本人の下請けで現場もらって。東京が多いですね。いまの現場は池袋」

それに都内から通ってくるＩＴ関連の人もいれば、レストランなどの経営者もいる。グルビンダ・シンさん（22）は来日まだ2年ほどの留学生だ。

「今日は初めてここに来たんです。友達に教えてもらって、千葉の柏から電車とバスを乗り継いで」

と、たどたどしい日本語ながら興奮気味に話す。聞いてみれば日本に来てからすぐにコロナ禍となり、ふさぎこむような毎日が続いていたそうだ。お祈りともランガルともずっとご無沙汰で、ずいぶん寂しかったようだ。せっかく留学に来たのにオンライン授業ばかりで友達もできず、悲しい思いをしている若者は多い。グルビンダさんもそんな折に、このグルドワーラーにやってきた。

「ほんとインドのこと思い出しました。今日は朝からロティを焼いたりボランティアで手伝ったんですが、泣きそうになるくらい良かった。こういう場所をつくってくれて本当にありがたいです」

目を輝かせて、まくしたてる。いろいろな思いを持って、シクの人々は茨城の農村の一角に集まってくるのだ。

なぜ境町にシクのお寺が？

このグルドワーラーはもともと、東京・文京区の茗荷谷にあった。丸ノ内線の駅から歩いて5分ほどのビルの地階で、1999年に建立されたものだ。文京区にシクの人々がたくさん住んでいるというわけではなく、そのビルの持ち主がインド人で、交渉しやすかったからだという。日本ではもうひとつ、神戸にグルドワーラーがあるが、茗荷谷は関東に住むシク教徒の憩いの場として愛されてきた。

しかしそこで、コロナ・パンデミックとなってしまった。空気の滞留しやすい地下空間は感染の危険があるだろうと、彼らは茗荷谷のお寺を一時閉鎖。代わりにここ境町にやってきて、シク教徒と日本人の夫婦が暮らす大きな一軒家を改装し、グルドワーラーとして流用している。この家なら広々としていて窓も大きく風がよく通るし、ランガルはオープンエアの中庭を使えば感染の危険も少ない。

そんなことを教えてくれたのは、グランティーのシング・バルプールさん（57）だ。堂々たるひげとターバンの威厳あるお姿なのだが、とっても気さくだ。日本での暮らしも30年というだけあって日本語もきわめて流暢だ。

「茨城とか埼玉とか、このへんは昔からシクの人がけっこういたんですよ。1995年かな、やっぱり茨城でシクのお祭りをやったことがあるんですけど、100人以上は集まった」

というから、境町にはその頃からシクのコミュニティがあったようだ。グルドワーラーの敷地を提供しているシク教徒も、だいぶ昔から境町の食材店で働いていたそうな。ではどうして、境町にシクが集まってきたのかバルプールさんに聞くと、

「工場がたくさんあるからじゃない？　働くとこがあるしね。あとクルマやる人も多いし」

とのこと。やはりここでも製造業の存在が大きい。それに中古車ビジネスはパキスタン人から伝播したものだろう。シク教徒は古来、パキスタンと密接なつながりがあるのだ。なにせ「お隣さん」なんである。

シク教徒がおもに暮らすのはインドのパンジャブ州だが、隣接するパキスタンにもパンジャブ州があり、経済的・文化的な結びつきは強い。ただしシク教徒はそのほとんどがインド側に

暮らし、パキスタン側はイスラム教徒だ。それでも、どっちサイドのパンジャブもパンジャブ語を話すパンジャブ人が主流となっている。宗教が異なるだけなのだ。

で、北関東ではパキスタン人からイスラム教徒のパンジャブ人に〝同宗の縁〟から中古車ビジネスが広がり、さらにパキスタン側イスラム教徒のパンジャブ人から、インド側シク教徒のパンジャブ人にも〝同民族の縁〟で伝わっていった……これは僕の推測だ。こうしたルーツの話は改めて問われるとなかなか心当たりを探すのが難しいようで、いろいろな人に聞いたがはっきりとした答えが返ってこないのだ。まあ僕もタイに暮らしていたときに「なぜバンコクのスクンビット通りのプロンポン地区に日本人が多いのか」とタイ人に不思議がられたものの答えられなかったことがあるが（考えてみれば、いまでもよくわからない）、その地で暮らす当事者は自分たちが土地に根づき商売をはじめた理由をあまり意識しないものなのかもしれない。

ともかく境町には20、30年ほど前からシク教徒が、つまりパンジャブ系インド人が製造業や建設関連や中古車ビジネスに携わって暮らす場所だったようだが、この10年ほどでその数が増えているのではないかと地元で不動産業を営む日本人は言う。

「そこの高速（首都圏中央連絡自動車道、いわゆる圏央道）ができてから外国人が増えたよね、インドの人だと思うんだけど。店舗のいい物件ないかってよく電話がかかってきますよ」

グルドワーラーの近くの圏央道・境古河インターチェンジが2015年に開通したのだが、それ以降さらにインド人それもおそらくパンジャブ人の集住が進んだものと思われる。

ちなみに日本に暮らすシク教徒は2000人くらいではないかとみられている。都内や関西に住む人もいるし、境町はいずれにせよ小さなコミュニティではある。それでも、文化をともにする人々が寄り添うグルドワーラーを彼らは大事にしている。

「やはりね、集まれる場が大事なんですよ。顔を見て『元気？』と言い合えるところ」

バルプールさんは言う。コロナ禍ではお寺に来ることを控えて、自宅でささやかに祈るだけの人も多かったそうだが、

「でも、ひとりだと心があちこち行くじゃないですか」

と、孤独の中で揺れる感情を、日本語でそう表現する。

「同じ場所で、みんなで祈っているとそれがないし、心が豊かになる。たいへんなことはいろいろあるけど、祈っているときは忘れるじゃないですか。日本人の仏教も同じでしょう」

そんな思いで、バルプールさんはこのグルドワーラーを運営し続けている。詠唱の伴奏をするのは奥さんや子供たちだ。息子で日本生まれのシング・グルセイワクさん(23)はフェイスブックの更新や、僕のような取材の対応もする、いわば広報だ。大学ではＩＴを学び、「シク教をシル」という実にかっこいい日本語のウェブサイトも制作した。彼ら一家は住んでいる千葉県の松戸から毎月車でやってきて、朝早くからボランティアたちと準備をし、儀式を執り行い、ともに飯を食う。

「まあ僕らも楽しいんですよ、これが。コロナが落ち着いて茗荷谷のほうが再開しても、こっちも続けるだろうね。このへんに住んでいる人からもそうしてほしいって言われてるので」

旅館居抜きのお寺まで

ところで境町とはその名の通り、「境い目の土地」なんである。町の南部には我らが354

が東西に走っているが、そこから土手を越えれば利根川の流れがよく見通せる。東毛地区の製造業に工業用水を供給してきた日本有数の「大河」で、対岸はもう千葉県。ちなみに千葉側の野田市にはUSSという中古車オークション企業のひとつがあり、やはりパキスタンコミュニティが形成されている。

そしてすぐそばには利根川から端を発する支流、江戸川が南に伸びている。この右岸が埼玉県となる。つまり茨城・千葉・埼玉の境界、利根川と江戸川の分岐点こそが、境町なのだ。その水運が、かつてこの町に富をもたらした。

話は江戸時代にさかのぼる。利根川はその頃、雨が降ればやたらと氾濫する暴れ川で、下流にある江戸の町にもたびたび水害をもたらした。「坂東太郎」という二ツ名でも呼ばれていたという。坂東とは箱根の東に広がる平野、つまり関東地方のことで、そこを流れる利根川を「暴れん坊の太郎」と擬人化したわけだ。354沿いでも茨城県に入ると、ときどき見かけるファミレス「ばんどう太郎」（味噌煮込みうどんが美味い）も、利根川から取られたネーミングなのである。

で、この太郎を鎮めようと江戸幕府が腰を上げる。利根川の流れを変えて、河口を江戸湾から大きく東へ東へ、現在の千葉県・銚子に移し替えるという壮大な事業だ。

400年前とは思えない壮大な規模の土木工事が行われた結果、利根川は現在の流路となり、太郎も暴れることは少なくなった。そして江戸川にも恩恵がもたらされることになる。利根川氾濫の危険性がなくなったことから、「輸送路」として注目を集めるようになったのだ。東北地方や北関東から江戸に直接かつ安全にアクセスできると、江戸川はさながら現代の高速道路や354のように、物資の通り道となった。で、江戸川の「出発点」である境町は河岸《かし》（港町）として賑わうようになる。きっとたくさんの商店や、それに宿もあったことだろう。往時の名残がかろうじて町の中心部に残っている。

圏央道の境古河ICを降りて県道17号を南に向かい、354との交差点にあるのが「道の駅さかい」だ。地元の農産物や特産品を安く売っている道の駅もまた、今回の旅で僕が欠かさず訪れているポイントだが、その北西に境町のかつての繁華街が広がっている。しかしここも人口減少に伴い、シャッターを降ろしている店が目立つ。静かだ。近郊には工場もけっこうあって、だからこそ外国人の住民もいるのだが、町には寂しさが漂う。そして、ぽつぽつと点在するのはハラルショップ、タイの食材店、それにパンジャブ料理のレストランまである。インド料理との区別がなかなか難しいが、

「おすすめはサグ（からし菜）のカレーだよ」

と店主。聞けば境町にはやはりパンジャブ出身のシク教徒が多く「80％が工場、20％がビジネス（レストラン、食材、中古車など）かな」という。

そしてすぐそばには、もうひとつのグルドワーラーがあるのだ。同じシク教徒でも考え方にはいろいろあるようで、バルプールさんたちとは別の人々が運営しているそうだ。やはりコロナ禍の最中にオープンしたのだという。

お邪魔してみれば、こちらはなんと旅館の居抜きであった。なるほど言われてみれば内装の各所に和の佇まいが感じられる。お祈りやランガルに使われる大広間は、きっと宴会場だったのだろう。河岸として栄えた遠い時代が偲ばれる。この旅館もきっと景気のいい頃もあったは

ずだが、いまやインド人が集まる場所なのである。

お祈りの後で所在なげにしていると、例によっていろんな人が「こっちどうぞ」「座って」「これ食べる」とか世話を焼いてくれる。またしてもランガルのごちそうをいただきながら、隣に座ったシング・アルビンドラさん(60)の話を聞く。やはりパンジャブ出身で、茨城県内でコンクリート加工の仕事をしているという。

「日本に来たのは昭和の最後の年なんだよ。職場で若い日本人に〝ジョーワ〟って言うと驚かれちゃうよ」

人生の半分以上を日本で過ごしてきたことになるが、安全なこの国がいちばんなのだという。

「アベさんの、あんな事件があったでしょう。もしインドだったらデモが起きたりして国中がめちゃくちゃになる。でも日本はそうはならない。平和だよ」

こちらのグルドワーラーにやってくる人々も、工事現場や建設といった仕事が多いそうだ。

「日本人はもう、肉体労働をしないでしょう。だから外国人がやる。この前、高いところから落ちて骨折しちゃったけど」

痛々しい手術痕を見せる。それでもまだまだ現役を続けたい……なんて話を聞いていると、向こうのグルドワーラーにもいた解体業のマンディップさんがバケツを手にして現れた。「あれ、今日はこっち?」と話しかけると「どっちも行くようにしてるんスよ」と笑いながら、サブジを盛りつけてくれた。そのへんは人によって自由なようだ。

それからアルビンドラさんにもいちおう、「境町になぜパンジャブ・コミュニティができたのか」と聞いてみた。「う〜ん」と悩みながらも答えてくれた。

「パンジャブの人に仕事をあっせんする日本人の業者がいたんじゃないかな。そんな人に誘われて何人か来れば、そこを頼ってまたパンジャブの人が来る。そうやって増えていった。これは私の考えだけどね」

そしてなんとアルビンドラさんは、かつての人気テレビ番組「ここがヘンだよ日本人」に出演していたことがあるのだと話し始めた。その後も外国人役として、いろいろな番組に呼ばれたそうな。自慢げにスマホで美女とのツーショット写真を見せてくる。

「ホラこれ、誰だかわかる？」

ともさかりえであった。

「こっちの子は藤田ニコル」

うらやましい。いいな〜と漏らすとアルビンドラさんは立ち上がり、

「今日は水戸でお祭りがあるから、早く帰るの。子供に連れてってって言われてるからね」

日本であるのに、日本人があまり知らない場所で、さまざまな外国人が生きている。シクのグルドワーラーはその典型のようにも思った。

さて、利根川に沿って、３５４をもう少し南東に進んでみよう。

第七章　坂東　外国人が日本の土を守る

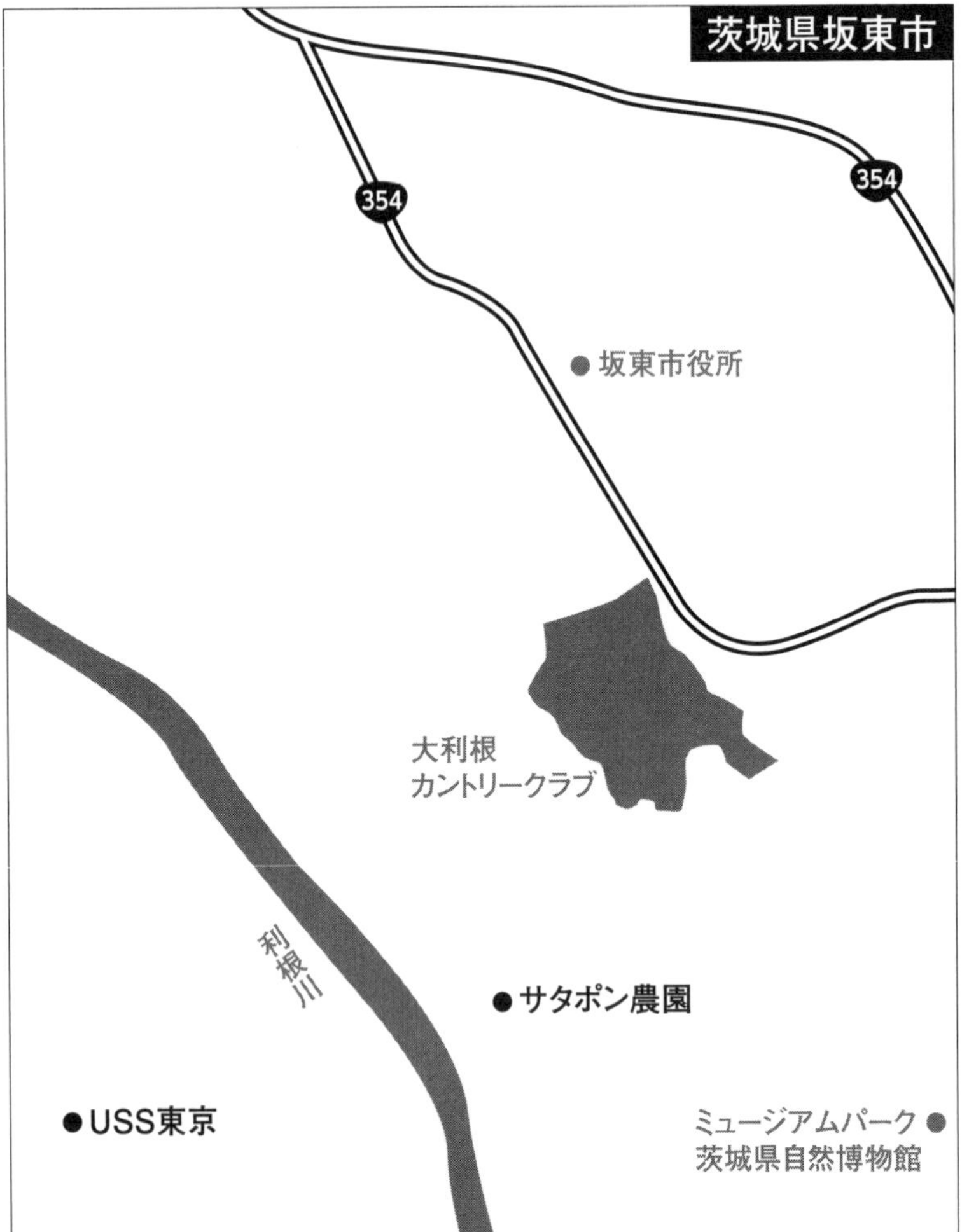
茨城県坂東市
354
354
坂東市役所
大利根
カントリークラブ
利根川
サタポン農園
USS東京
ミュージアムパーク
茨城県自然博物館
千葉県野田市
500m

南国のハーブと野菜が、茨城に香る

畑からはさわやかな、そして懐かしい香りが立ち上っている。栽培されているのは、プリッキーヌー（タイ唐辛子）、ガパオ（ホーリーバジル）、ホラパー（スイートバジル）、パックブン（空心菜）、トゥア・ファク・ヤオ（ナガササゲ）……どれもタイの野菜やハーブだ。夏の太陽を受けて瑞々《みずみず》しく育ち、畑は一面の緑となっていた。実に気持ちのいい眺めだ。

「これ、食べてみて。そのままいける」

マクア（丸ナス）をもいで、サタポン・スカノンチャナパさん(66)が手渡してくれた。みんなからは「パパ」と呼ばれている、この農園のヌシのタイ人だ。かじりついてみると、長ナスよりいくらか固めで、ほのかに甘みがある。タイでは辛い料理のつけあわせにマクアやトゥア・ファク・ヤオが生のまま出てきて、ぽりぽり食べていたことを思い出す。

広い畑をさらに歩いてみる。タクライ（レモングラス）の香りが心地よい。その先に、今度はパクチー畑が続く。いかにも元気そうに葉を広げているが、ここはタイではない。茨城なんである。354が街の南部を東西に貫く、坂東市だ。サタポン農園はその南のほう、利根川の左岸に広がっているのだが、常夏のタイとはずいぶん気候も風土も違うだろうに、パクチーは実によく育っている。

「パクチーはね、タイでも北部の山の、涼しいところのほうがよくできる。坂東でもきれいに育つよ。根っこも太くて立派でね」

パパがパクチーを愛おしそうになでながら言う。いまでは日本でも一般のスーパーマーケットでパクチーを見かけるようになったが、サタポン農園はモノが違う。葉が柔らかく、香りにパンチがある。それに根っこごと売っている。タイやラオスではパクチーの根っこはスープのだしや調味料としても使うのだ。根っこまで含めてパクチーなんである。これが日本に住むタイ人、タイ料理レストランなどに支持され、月に2トンほどは出荷しているという。

唐辛子の生産にも力を入れている。それも日本で多く流通している中国唐辛子ではなく、タイ唐辛子だ。辛さも香りも、タイ料理にはタイの唐辛子がなにより合う。こちらも葉ごと売っている。葉は炒め物やゲーン（汁もの）に使うのだという。ただ霜が降りると枯れてしまうので、栽培は秋までだ。

どの畑からも、南国の青々とした香りが風に乗って漂う。趣味で植えているというパパイヤやバナナの木まである。僕が10年ほど暮らしたタイの空気が、ここには満ちていた。なんとも居心地のいい場所だった。

……と、そんなことを思いながらのんびりしているのは僕だけなんである。パパと、それにラオス人の妻シーサアット・センティサックさん（65）、つまり「ママ」は、収穫物をワゴンにどんどん積み込んでいく。そして慌ただしく夕食をとると、坂東の農園を出発する。354を走り、利根川を越え、関東各地に「朝採れ」の野菜やハーブの販売に向かうのだ。

「今夜は千葉の野田、それから東京に入って、板橋の常盤台、大山、池袋、新大久保。そのあと歌舞伎町かな」

ママが言う。どこも小さなタイ人コミュニティがある場所だ。その中心となっているタイレストランなどのそばにワゴンは停まる。すると近隣に住むタイ人が、大きなバッグを手にわらわらやってきて、サタポン農園のタイ野菜を買い求める。ワゴンは移動スーパーなのだ。

「ここの品物はとにかく新鮮。それに香りがいいの。パクチーも唐辛子もね、普通のスーパーのものとはぜんぜん違うんだから」

お客のひとりは我がことのように自慢する。そしてママやパパとひとしきり雑談に花を咲かせる。ママはラオス人だが、タイ語とラオス語は似ている。文化も共通している部分が多いから、話は弾む。故郷のおいしい野菜を買うだけでなく、こうしてふたりと話すことを楽しみに、夜中の移動スーパーにやってくるタイ人は多い。

タイ人の友人や配偶者から話を聞きつけた日本人も買いに来るし、近頃は新大久保あたりだとインド人やネパール人も顔を見せる。

「唐辛子やパクチーだけじゃなくて、かぼちゃのつるや葉っぱを買ってくの。向こうの料理に使うんだって」

行く先々で世間話をしながら南国の新鮮な野菜を売り、坂東に戻ってくるのは明け方だ。それから仮眠をとって、パパとママはまた畑に出る。

休耕地となった畑を、外国人が耕す

サタポン農園のような「外国人が営む畑」が、茨城県には多い。その理由のひとつは、ここでもやっぱり少子高齢化だ。ただでさえ少なくなるばかりの若い働き手は都市部に働きに出て

行ってしまい、農家の後継ぎがいない。そのため、耕す人が足らず空いている農地がたくさんあるのだ。それをそのまま放置しておけばいいという話でもないのだと、ある日本人の農家が教えてくれた。

「休耕が、いちばんおっかないんだ」

畑に手を入れずに休耕にしておくと、土が荒れる。荒れるとなかなかもとに戻らず作物が育ちにくくなるし、なにより虫の発生源になる。それがまわりでまだ農作物を生産している農家に大迷惑をかけてしまう。農村の人間関係にとっては大きな問題なのだ。

「だから、誰でもいいから畑に手を入れてほしい。土をおこして除草剤でも撒いてくれれば安心って農家が増えてる」

こうして外国人にも畑を貸すようになった。彼らは自分たちの故郷の野菜やハーブを育て、楽しむ。タイ人やラオス人だけでなく、インド人や中国人、ベトナム人やインドネシア人、スリランカ人……。僕が聞いただけでも実にさまざまな人が農業に精を出しているのだ。少子高齢化と過疎化で空き店舗となった物件に、外国人の店が入っていくのと同じ図式だ。北関東では畑でもそんな動きが広がっている。結果として、外国人が土を守っているのだ。

とはいえ、外国人のほとんどは自分たちで収穫して料理に使ったり、仲間内で分けあったりする趣味の範疇。北関東ならどこにでもあるエスニック食材店に卸す人もいるにはいるが、それも大きな儲けというわけではないだろう。「生業」にするのはなかなか難しいが、そこをうまくやっているのがサタポン農園だ。

成功した理由はパパとママの猛烈な働きぶり、それに長年にわたって坂東の地に根差し、地元の日本人にも売り先のタイ人コミュニティにも信頼されているからだろう。それだけふたりは、苦労を重ねてきた。

ラオス南部サワンナケート出身のママが日本に来たのは1985年のことだ。難民だった。1975年に革命政府が樹立されて以降、共産化が進んだラオスからは、おおぜいの人々が海外へ逃れたが、ママもそのひとりとしてまず隣国タイに渡った。

難民たちはそれぞれの希望や適性によって、フランスやアメリカやオーストラリアなどに定住先を求めて旅立っていったが、ママが選んだのは日本だった。

「ラオスで日本のドラマを見ててね。やさしそうな国だなって思ってたの。それに同じアジアで、顔も変わらないし、安心感があるでしょう」

群馬県の大泉で出会ったカンボジア人コン・アヤさんの親族と同様、ママもインドシナ難民だったのだ。彼らを受け入れるために神奈川県大和市に設置された「難民定住促進センター」にママも入所、ここで日本語や日本の生活習慣を学んだ。さらに定住や就労の支援もしてくれたのだが、職員からは、

「茨城はいいとこだよ、田舎で、カエルの声が聞こえてきてね。お米もたくさんつくっているし、静かで。ラオスと似ているかも」

なんて言われた。実際に来てみて、確かにそうかもしれないと思った。筑波山の山麓に青々とした田畑と、のどかな農村が広がる茨城にいると、どこかラオスやイサーン（ラオスと接するタイ東北地方）の景色を思い出す。こうしてママは、つくば市の老人ホームで働きはじめた。夜は皿洗いのアルバイトを掛け持ちして、合間に日本語を勉強する毎日を過ごした。

一方、パパはタイ中部ウタイタニーから出稼ぎ労働者として日本にやってきた。1992年のことだった。東京都内に住み、工事現場で働く日々を過ごしていたが、あるとき千葉県の野田市にあるスナックに出かけたのだそうだ。よくタイ人が集まる店だった。そこで働いていた女性が、ママの姪っ子だったのだ。ママを追うように、やはり日本にやってきたのだという。

姪っ子を通じて、ふたりは知り合った。意気投合し、つきあうようになり、異国の日本で国際結婚した。

「平成16年のことだね」

パパは懐かしそうに、日本の元号で言う。2004年だ。

それからふたりで暮らすことになったわけだが、パパにはちょっとした楽しみがあった。同僚のタイ人が日本人から畑を借りて、趣味でタイの野菜を育てていたのだ。それをいつの間にかパパも手伝うようになる。

採れたものは友人にわける程度だったが、次第に在日タイ人コミュニティの中で評判になっていく。その頃、日本でもタイの野菜は手に入るようになってはきたが、冷凍の輸入ものが中心で、どうしても鮮度が落ちる。だから採れたての野菜なら、お金を払うからたくさん買いたいという人が少しずつ増えていったのだ。

そんな声に応えるように、パパは仕事が終わった夜、ワゴンに野菜を積んでときどき配送に向かうようになる。すると口コミでさらに注文が増える。はじめは個人相手だったが、そのうちレストランからも引き合いが来るようになった。折からのエスニックブームもあり、タイレストランはどんどん増えている。もしかしたら、これはいけるかもしれない……。

思い切って仕事をやめ、パパは農園を開くことに決めた。２０１０年だった。

まずは場所だろうと、ママの職場があるつくばや、タイ人コミュニティのある野田などで探したところ、手ごろな空き家と、貸してくれる畑が見つかった。それがこの坂東だったのだ。

「はじめはバケツ一個しかなかったよ」

そこからパパは少しずつ農機具を揃え、軽トラやトラクターを買い、本格的に日本の土に取り組むようになる。

「私ははじめ、イヤだったんだよ」

「ママ、畑は好きじゃないし、配送で人前に出るの恥ずかしいとか言ってたてね」

ふたりのやりとりはもう、タイ語と日本語がちゃんぽんだ。ときどき日本語だけで言いあっていたりもする。日本での暮らしの長さが偲ばれる。

「でもその頃、畑はもう忙しくなってて、パパはタイ人をひとり雇ってたの。だったら私が働けば、よけいなお金はかからないでしょ。そう思って」

こうしてママも仕事をやめた。ふたりで畑を耕し、夜は配送に回る日々が始まった。

「だけど、土も水も違うでしょう。はじめはなかなかタイの種が育たなくてね。芽が出ない、うまく成長しない、虫にやられる……」

それでもパパは、子供のころから実家の米作りを手伝っていた経験を活かし、試行錯誤を重ねた。農薬の注意書きの専門的な日本語がわからなかったが、業者にも相談し、だんだんと収穫が安定していった。

そんな奮闘ぶりを、近所の日本人もよく見ていたのだ。ビニールハウスや畑を格安で貸してくれるようになる。休耕地をどうにかしなくては、という思いもあったろうが、地域の人々と気さくに言葉を交わし、溶け込んでいったふたりの人柄あってのことだろう。

いまでは近所の農家のおばあちゃんがレモングラスの前で足を止め、

「これはなに？　珍しいね。どんな野菜？」

なんて親しげに声をかける。ママが「近くでお葬式だって。行かなくちゃね」と呟いていたりする。こうして近所付き合いをしながら、サタポン農園は自宅を中心に8面の畑にまで広がっていった。業界ではパクチーとタイ唐辛子の生産で有名な存在ともなっている。毎年、東京・代々木公園で行われるタイ・フェスティバルやラオス・フェスティバルにも出店するようになった。それにタイ人コミュニティだけでなく、パクチーブームもあって日本人の業者からも引き合いは多く、パパとママの忙しさは増すばかりだ。

だから収穫やパッキングは、近くに住むタイ人も手伝う。多くが日本人と結婚した女性で、ふたりのことを「ポー、メー（お父さん、お母さん）」と呼び、ともに土にまみれる。ときには日本人の夫が手伝うこともあるそうだ。

サタポン農園のランチはいつも賑やかだ。調理好きのパパかママのどちらかが腕を振るい、収穫物をふんだんに使って、タイ料理をいくつもつくりあげる。ひととき作業の手を止めて、みんなでひとつのテーブルを囲む。

「ごはんまだでしょ、食べていきなさい」

出入り業者の日本人にもママは声をかける。ここではタイ人とラオス人と日本人が、同じ土に依って生きている。

支えてくれる人のために、働き続ける

「いつまで続けられるかな、って思うんだよね」

ママがぽつりと言う。元気なように見えるけれど、もう60代も半ばなのだ。パパは胆石を患ったこともあり、だんだん深夜の配送がしんどくなってきた。ママもときどき、痛む膝をさする。

「どうしてこんなに働くんだろう、なんのためにって思うこともあるよ」

陽気でのんびり気質のタイ人、ラオス人とは思えないようなことを、ふたりは言う。日本人も顔負けの働き方なのだ。ソンクラン（タイ正月）だって休めず、茨城や千葉にあるタイ寺院に行くこともなく、自宅の仏像に清めの水をかけて手を合わせたら、すぐに畑に出て行く。

その働きぶりを、僕もときどき見ている。配送先のひとつは、僕の住んでいる新大久保だ。取材なんか関係なく、サタポン農園の野菜が好きで、たまに買わせてもらうのだ。しかし新大久保での売り場となっているタイレストラン「ソムオー」の前に、つくばナンバーのワゴンが滑り込んでくるのは、だいたい日付の変わった深夜1時か2時。くたくたに疲れ果てたパパとママと顔を合わせる。ふたりはひと息つくと、

「今日はパッカナー（カイラン菜）がいいできだよ。パクチーは少しあまってるからサービス」

なんて、袋にどっさり詰め込んでくれる。この時間まで仕込みをしていた「ソムオー」のベテラン女性シェフと楽しげに挨拶を交わす。

「こうやって待ってくれている人がいるから、働ける」

ママが言う。

「日本にはたくさんタイ人が暮らしているでしょう。その人たちがうちの野菜を喜んでくれる。それに日本人だって、配送先で差し入れしてくれる人もいるの。支えてくれる人がたくさんいる」

そういう言葉を、日本語で紡ぎ、僕に語ってくれるのだ。

それでもやはり、疲れは隠せない。だから、せめて深夜の配送だけは、誰かに任せることも考えている。仕事を手伝ってくれている知人のタイ人がいて、その人が候補なのだそうだ。

そして、その後、できれば国に帰りたいとママは言う。

「ラオスじゃなくて、タイのほう。あっちに家も建てたしね。日本と行ったり来たりする生活がいいな」

一方でパパは、茨城に住み続けたいと思っている。

「自分で作った野菜を、自分で食べる。ちょっとガパオが欲しいと思ったら、ぱっと畑に行ってすぐ料理に使える。そういうのが本当に嬉しいよね」

それはタイでもできるかもしれないが、坂東にはもう、手塩にかけた大事な畑があるのだ。

「だからパパ、ここから離れられないの」

「ママは帰っていいよ。俺はこっちに家も買うから」

なんて言い合うが、きっとお互い寄り添っていくのだろう。ふたりの子供たちはそれぞれ日本人と結婚し、いまでは孫たちもときどき顔を見せる。日本で生まれ、日本人と同じように育っている。タイとラオスの血は、日本の中に溶け込んでいったのだ。その孫たちの写真をスマホで眺めながら、ママは呟いた。

「もう、なにも心配することはないね」

第八章　常総　亀仙人街は今日も大賑わい

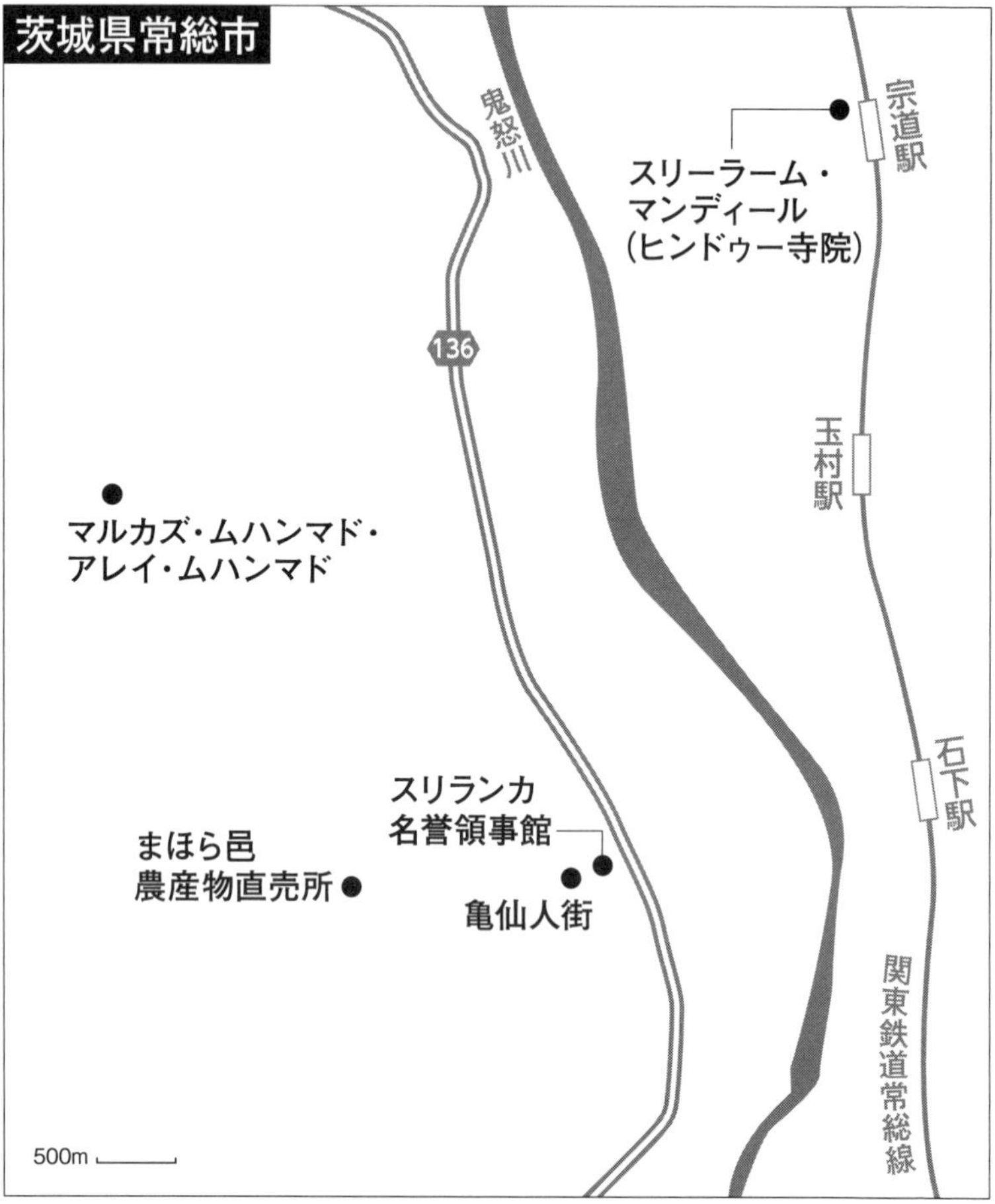
茨城県常総市
鬼怒川
136
宗道駅
スリーラーム・
マンディール
（ヒンドゥー寺院）
玉村駅
マルカズ・ムハンマド・
アレイ・ムハンマド
石下駅
スリランカ
名誉領事館
まほら邑
農産物直売所
亀仙人街
関東鉄道常総線
500m

「茨城七不思議」のひとつ

354は坂東市を抜けると、常総市に入る。すっかり北関東の田舎町といった風情で、車窓からは田畑と住宅街とが代わる代わるに見えてくる。空が高い。354はすっかり細い一車線道路となっていて、群馬では広域産業道路だったことがなんだか懐かしい。

やがて354は大きな橋に差しかかった。鬼怒川《きぬ》だ。常総市はこの川が南北に流れていて、古くから水運を利用した交易の地として発展してきたが、たびたび水害にも見舞われてきた。2015年9月の豪雨では堤防が決壊し、市内の3分の1が浸水するという大きな被害をもたらした。

そしてこの地域では、群馬の大泉や太田、茨城では古河あたりと同様に、90年代から日系ブラジル人の労働力に頼ってきた。彼らはおもに食品関連や建材などの工場で働いてきたが、それらの現場では多国籍化が進んでいる。高齢化していくブラジル人に変わって、ベトナムやスリランカ、インドネシアなどから来た技能実習生がどんどん増えているのだ。大泉と同じ構図である。彼らは工場だけでなく、田畑でも働くようになっているし、減り続ける日本人の労働力をカバーする存在として重宝されてきた。

いまでは常総市の人口6万1562人のうち、外国人は5914人（2023年1月1日現在。常総市による）、9・6％に上る。この比率は外国人のきわめて多い茨城県でもトップだ。それも南米から東南アジア、南アジアと多様な顔ぶれで、どこか僕の住む東京・新大久保にも似たカオス感があるのだが、それを象徴する物件が市の北部にある。

その名はズバリ「亀仙人街」。2階建ての古びたテナントに入っている店舗を見てみれば、タイマッサージ、タイ料理店、タイスナック、フィリピンのバーやレストラン、ハラルショップ、スリランカ料理店……アジアの店がひしめく雑然とした建物を制圧するかのように、屋根に掲げられた「亀仙人街」のでっかい看板。さらに傍らの別棟には、サリサリストア（フィリピンの雑貨・食材店）、スリランカ食材店、もう一軒タイマッサージ……いったいここはなんなのか。なぜここまで外国の店がごちゃごちゃに集まっているのか。そしてなぜ「亀仙人街」という名前なのか。あの超有名漫画に出てくるスケベな武闘家との関係は……ナゾがナゾを呼び、いまや「茨城七不思議」のひとつ（ほかの6つはなんだか知らない）と語られ、県内各地から物見遊山の客までやってくるという。

その雑然とした佇まいにアジア慣れした僕もややたじろぐが、タイマッサージ店の裏口で野良猫と遊んでいるタイ人らしきおばさんに話しかけてみた。僕はかんたんなタイ語ならわかるのである。

「ピー（年上の人への尊称）、ここすごいですね。いろんな国の店ありますね」

「あーそうだね。お客もいろいろだよ。日本人、パキスタン人、スリランカ人」

「なんでこんなにアジアの店が集まってるの？」

「マイルー（知らない）。ていうかあんたタイ語話せるの？　なんで？　あ、わかったタイ人の女がいるだろ」

いやタイに仕事で住んだことがあって……とか話しているうちにほかのおばさんも出てきて、賄いだというソムタム（青パパイヤサラダ）とカオニャオ（もち米）が当たり前のように僕にも取り分けられた。

「キンシ（食べな）」

おばちゃんたちはウボンラチャターニー県やウドンタニー県などイサーン（タイ東北部）の出身で、みんな夫が日本人。20年前、30年前に日本にやってきて、結婚後は介護や飲食などのアルバイトを転々とし、いまはこの店で働いているのだという。向こうからも口々に質問が飛んできた。

「あんたバンコクではどこで働いてたの？」「ええっ、結婚してないって⁉ 最近の日本人はこれだから」「タイ人の女、紹介してあげようか。バツイチだけど水戸に住んでる」

いきなりの申し出を「いえいえ、僕もうオッサンなので……」と丁重に断れば「大丈夫だいじょーぶ、向こうもババアだから」「ひゃーひゃひゃっ」とやけに盛り上がってしまう。イサーンの飲み屋にいるかのような錯覚を覚えるが、しかし僕はここで足止めされているわけにもいかない。目的は亀仙人街の調査である。本場イサーン仕込みの激辛ソムタムにお礼を言って、次なる店へ。

2階のハラルショップを見てみるか、と階段を上がって店の扉を開けてみれば、タンスやら冷蔵庫やら戸棚やらが隙間なく並び、足の踏み場どころか、まともに歩くスペースがないほど中古らしき家具や家電が詰め込まれているのであった。なんだここは……キッチンカウンターと洗濯機の合間をむりやり通って奥のほうに潜入していくと、「いらっしゃいませえ」と間延びした声。バングラデシュ人だというおじさんがのんびりした様子で出てきた。

「ハラルのお店やってたんだけど、ぜんぜん売れないの。だからリサイクルショップにしてみたけど、やっぱりダメ」

愉快そうに笑うが、確かにこの物置かゴミ捨て場のような様子を見れば、誰もがきっと閉店していると思うだろう。だがおじさんは店の佇まいを気にしている感じはない。壁のほうには以前の名残りか、いちおうスパイスも積まれてはいたが、どれもホコリをかぶっている。

「カメセンニンには1年くらい前に入ったの。家賃が安いから。でもずっと赤字。日本に住んでる知り合いのバングラデシュ人、みんな家族におカネ送ってるけど、私だけ逆ね。家族からおカネ送ってもらってる」

大丈夫かよと言いたくなるが、まあ陽気ならばなんとかなるんだろうか。この多国籍雑居テナントにも馴染んでいるようで、

「隣のフィリピンのレストラン、よく行くよ。たまにカメセンニンの人を集めて〝ノミカイ〟やってるしね」

てなわけでそのフィリピン料理店に行ってみると、ファストフード風の店内だが中央にビリヤード台が置かれていて、テーブル席には3人のフィリピン人のおばちゃんたち。

「水海道《みつかいどう》（常総市南部、行政の中心）に住んでるんだけど、ここにはたまに来るの。シニガンがおいしいよ」

と、フィリピンの国民食ともいえる酸味のあるスープをおすすめしてくれた。やはり3人とも、日本人と結婚しているそうだ。

そして夜が更けてくると、カラオケ屋からはタイ語とタガログ語の嬌声が聞こえてくる。そんな店に、東南アジアのギャルに手を引かれたシャルワール・カミース（パキスタンの民族衣装）のヒゲ男子が恐る恐る入っていくのを見かけたりもする。外国人だけではない。日本人経営の飲み屋や居酒屋、焼肉屋もあるし、そこで腹ごしらえした日本人の客がフィリピンの店に吸い込まれていく姿も目にする。

「亀仙人街」のドンに訊く

なにもかもがごった煮の亀仙人街だが、オープンしたのはいつなのか判然としない。

「30何年前じゃねえかなあ。俺いま74だからよ。40いくつのときだと思うんだよな」

亀仙人街のドン、地主である草間寛さん（74）はそう語る。いかにも昔気質といった感じの、茨城訛りのおっちゃんだ。自動車の整備などを請け負う会社を経営していたが、思い立ってテナントビジネスを始めることにしたのだという。このあたりの中心である石下《いしげ》地区にはいくらか飲む店もあったが、そこから鬼怒川を越えると「なあんにもなかった」から、やってみようと思ったのだそうだ。

「だから、不動産屋にも農協にも反対されたんだ。社長、ここ買ったってなんにもねえからうまくいかねえって。でも俺はよ、こんな土地だからおもしれえんだって言ったの」

そして30年以上前（40年以上前という話もあるが）に、土地を整備し2階建てで横長のテナントビルを建てた。なんといっても気になるのはそのネーミングだが、

「ドラゴンボールじゃねえんだ」

と草間社長。

「草間の家の過去帳を見るとよ、初代が亀吉って人なのよ。そこから〝亀〟もらってよ。んで、〝亀は万年、鶴は千年〟っていうだろ。それモジって〝亀仙〟ってつけたんだわ。でも正式に登録するときに、なんか〝亀仙〟だけじゃと思ってよ。〝人街〟をつけて、〝亀仙人街〟にした。まあゴロがいいっていうかな」

ここに「茨城七不思議」のナゾのひとつが解明されたのであった。

亀仙人街ができた当時、常総地域（２００６年の合併前なので石下町や水海道市など）には中国人の労働者が多かったという。それが90年代になると日系ブラジル人やペルー人が増えていくのは、この旅で見てきた各地の事情と同じだ。

「穏やかで言うこと聞くし、よく働くからって農協もブラジル人を推奨してな。食品加工の工場が多いんだ。うまい棒（常総市に本社を置くリスカ株式会社の主力商品。亀仙人街の近くには「うまい棒」のでっかい広告塔がある）もブラジル人やペルー人がたくさんいるしな。ゴルフ場のキャデーもブラジル人のとこがある」

それにフィリピン人も多かった。ほとんどはバブル期、夜の世界で働くためにやってきた女性だった。だからオープン当初の亀仙人街にも、フィリピンパブが入居した。加えて日本人経営のスナックや雀荘、中華料理などが、初期の亀仙人街の店子だったそうだ。当初は店もお客も日本人のほうが多かったという。フィリピンパブも経営は日本人だったが、舞台でのショーが人気で、

「駐車場どこさも入れねえよ。農道までクルマが行列してよ」

というほど大盛況だったそうだ。

しかし、いつしか常総地域は少しずつ廃《すた》れていく。高齢化、過疎化の波は茨城も確実に呑み込んでいく。若者たちは東京や、茨城でもまだなんとか栄えているつくばや守谷に流れていってそのまま戻らず、常総のような地域は農家も店舗も後継者不足に悩む。

「石下駅（関東鉄道）の近くにあった飲み屋も、もうやってないとこばっかだしな。みぃんな潰れちまった。運転代行を使ってまで飲まなくなったしな」

亀仙人街の賑わいも次第に失われていく。そして、店子からは日本人店主が少なくなっていった。

「日本人は根性なくて、続かなくてよ。いつの間にか外国人ばっかりになっちゃったんだよ」

それでも草間社長にはポリシーがある。夫や妻といった配偶者など、誰か日本人を保証人に立てること。それが外国人にも店舗を貸す条件だ。それだけ日本社会にしっかりと根づき、信頼してくれる日本人の知り合いがいる人に限る……のだが、どうも「あくまで原則」のようだ。

「小さい子供つれて流れてきたタイの女がいたんだ。タイに仕事に行ってた日本人の男と向こうで知り合ってな、タイの家族の大反対を押し切って日本に来た」

そして日本で子供を産んだはいいが、夫は急な病で亡くなってしまう。それでも、彼女はタイに帰らなかった。実の母から帰国を切望されていたが、日本に留まった。

「私は日本のこのダンナの家にヨメに来たんだから帰るわけにはいかない、だからここで商売やりてえって言ってよ。たいしたもんだよ。日本人でもなかなかできねえよ。だからよ、わかった、おめえだったら貸すって言ったんだ」

亡くなった夫の実家が保証人になってくれたわけでもないのだが、彼女を店子にした。すると昼は介護施設、夜は亀仙人街でスナックを営み、懸命に働いたのだという。

「そのうち龍ケ崎に家を買ってな。せがれもちゃんと育てて、何年か前に大学が終わった。そのせがれから、将来どうしたらいいか相談されたことがあるんだ。だから言ったんだ。一生懸命に勉強してタイに行けって。そんで母ちゃん呼んでやれって」

その言葉を目標に息子はがんばっているのだという。母はもう亀仙人街の店を閉めたが、いまも付き合いが続いているのだ。


小さな町に名誉領事館まである!


タイ人だけではない。30年ほど前には、草間社長の「本業」である自動車屋のほうにふらりとやってきたスリランカ人がいた。展示されていた中古車を買いたいという。値段は8万円だった。千葉県・野田の中古車オークションに出したいのだが、手持ちは6万円しかない……そんなことを正直に話す彼を、草間社長は気に入った。

「いいよ、持ってけ。売ってこい。金はあとでいいから」

この出会いをきっかけに、彼は石下に腰を落ち着けて中古車ビジネスをはじめた。その時代、北関東における中古車の輸出は、パキスタン人からさまざまな民族に伝播しつつあったのだ。草間社長に目をかけられた当のスリランカ人、メダガマ・ガマゲ・スニルさん（55）は言う。

「もともと日本には、空手の勉強のために来たんですよ。平成元年」

スリランカでも極真空手が人気だったのだそうだ。スニルさんは黒帯を極め、さらに修業をと来日した。しかしスリランカでの経験は認められず、白帯から学び直す日々だった。東芝系列の工場で働きながらの空手道だったが、なにか自分でビジネスを、南アジアの人々の間で広がっていた中古車でも、と茨城県にやってきたら、自然の多さと星がよく見えることが故郷のハンバントタに重なった。石下ならオークション会場のある小山も、野田も近い。このあたりでクルマを仕入れられないか……と思ってある店で聞いてみたら、

「ヤクザみたいな人が出てきて、なんだおめえ、誰だって言われて（笑）」

それが草間社長だったというわけだ。それから意気投合し、草間社長はスニルさんの案内でスリランカに足しげく通うようになる。そして石下周辺には、スニルさんを頼ってスリランカ人が増えていく。亀仙人街には、スニルさんを保証人としてスリランカ料理店「ランディワ」が入った。もう20年近く前になるというが、いまもずっと店子で、日本人にもスリランカ人にも人気の店だ。このランディワの店主もやはり面倒見のいい人だったことから、周辺にはスリランカ人が集まるようになる。スニルさんと「ランディワ」は、茨城県のスリランカ人コミュニティの祖とも言える存在なのだ。

やがてスニルさんは、在日スリランカ人社会の中で「出世」していった。もともと実家が政治家ファミリーなのだそうだ。中古車ビジネスは人に任せ、東京のスリランカ大使館での仕事が多くなる。

で、２０１１年のことだ。茨城県内のスリランカ人の増加を受けて、領事館を開設しようという動きが出てくる。本来ならば、茨城県の行政中枢である水戸市かつくば市がその候補となるはずだ。しかし、コミュニティはむしろ常総地域のほうが中心だったことから、こちらに領

事館を引っ張ってきちゃったんである。それも亀仙人街のすぐ近く、「VIP」という名の雀荘だったビルを居抜きで使って、名誉領事館としてオープンしたのであった。そしてスニルさんは、なんと名誉領事に就任。さまざまな政治的思惑が見え隠れしなくもないが、ともかく常総市に一国の在外公館が誕生したのであった。

「ちょっと見てみますか」

名誉領事スニルさん直々に案内してくれるというので、草間社長をほっぽって見学させてもらうことにした。

1階2階はがらんどうだが、3階の領事館ゾーンに入ると大きなテーブルを囲むように革張りの椅子が置かれ、なるほど国際会議が行われる部屋っぽい。スリランカと日本の国旗が掲げられている。茨城県知事などVIPも来たことがあるそうだが、もとあった雀荘の名前とはたぶん関係ない。さらにスニルさんが東京で会談したという、いまは亡き安倍元首相とのツーショット写真も額に入れて飾られていた。ホンモノの領事なのだと実感する。

スニルさんの役割はもちろん茨城はじめ北関東に住むスリランカ人に便宜を図り保護することと、日本との交流にあるわけだが、なかなかにたいへんだ。母国は大統領一家の不正蓄財や中国への膨大な借金などの放漫経営、コロナ禍によるインバウンド崩壊などによってクビが回らず、2022年5月にはデフォルト、つまり国家破綻してしまった。外貨が底をついたので石油が輸入できず、ガソリンスタンドは長蛇の列、薪で調理している姿も報道された。デモや暴動も相次いでいる。このため日本に暮らすスリランカ人の中にも、帰るに帰れないという人がけっこう出てきたのだ。

加えて在日スリランカ人を支える中古車ビジネスにも影響が出ている。どんどん減っていく外貨を保護するためにスリランカ政府は輸入規制を敷いたのだが、これにクルマとバイクが引っかかった。輸入禁止になったのである。母国という売り先を失った在日スリランカ人たちは輸出先をほかの国に変えたり、あるいは食材店やレストランに「商売替え」してしのいでいる。2020年代、コロナ禍になってから2年ほどで北関東にスリランカ料理店がやたらと増えたのは、こんな背景があるともいわれる。

また留学生は、故郷からの仕送りが受け取れなくなっている。国庫から外貨が払底《ふってい》しているので、家族は留学生に両替して送金することができない。スリランカルピーは下落していて使いものにならない。だから働いて学費を稼ぎたいが、留学生の場合は週28時間までのアルバイトしか許可されていない。超過して働けばビザの取り消しもある。

当然、スニルさんのところにもさまざまな相談が持ち込まれるわけで、東京と往復しつつ、ずいぶん忙しい日々を過ごしているようだ。

それに茨城県では、農業で働くスリランカ人の技能実習生も増えている。その待遇が問題になっているのだとスニルさんは言う。

「こういうことは言いたくないですけど〝奴隷〟ですよね」

低賃金で農家に酷使されるスリランカ人が多いのだという。

それでもスニルさんは「日本に来てよかった」としみじみ話す。

「人生が変わった、考え方も変わった。がんばることや、ガマンすること、それは日本で覚えたんです。逆にスリランカにもいいところがたくさんあるから、お互いにミックスしていけたら……」

そこでスニルさんのスマホが鳴った。タップすると草間社長のがなり立てる声が、僕にまで聞こえてくる。

《おい、なにしてんだ！　遅えぞ！》

亀仙人街で飲んでいるから早く来い、とのお達しであった。「わかったわかった、いま行きます」と電話を切ったスニルさんは、

「社長、口は悪いけど、いい人。みんな知ってる」

と笑った。

スリランカの男が、フィリピンの女に弄ばれる

「尿酸値が高えからよ」

と草間社長はビールではなく焼酎の水割りを傾けている。僕は恐れ多くも名誉領事にノンアルコールビールを注いでいただく。禁酒中なのである。そのスニルさんは濃い目のハイボールだ。

亀仙人街ただひとつの和食店「雅」で飲んでいると、隣の「ランディワ」からスリランカ料理もケータリングでやってきた。コットゥ（細かくちぎったロティと野菜、肉、卵の炒めもの）と、春巻きのようなチキンロールが、刺身の盛り合わせと並んでいる姿はなんだか不思議だ。こうして草間社長はほとんど毎夜、亀仙人街のどこかで飲んでいる。店子のところをぐるぐる回っているのだ。

「じゃないと、へんなの来っから」

ほとんど用心棒なのだが、だから亀仙人街で起きていることは何でも知っている。それに朝5時から草の刈込みをしたり、敷地内を掃き掃除するのも仕事だし、「下水が詰まった」なんて話もいちいち草間社長のところに電話がかかってくる。

「夜中でも何でもよ。だから俺が配管とかぜんぶやってんだ」

ちなみに亀仙人街の「水源」は、なんと井戸水なんである。開業時に、このあたりは地下水が豊富だと聞きつけ、わざわざ掘削してみたところ、上質な水が湧き出た。毎年、自治体の水質検査でお墨付きをもらっているそうだ。その恩恵で亀仙人街のテナントは水道代が無料なのである。井戸のメンテナンスにかかる費用は草間社長持ちだ。

「でも、タダだからって無駄に使う外国人もいるんだ。そういうのは掃除のついでにホウキでぶっ叩いてやるんだ」

飲食業ばかりの亀仙人街で、水道代がかからないのは大きな魅力だし、家賃もこのあたりの相場よりずっと安い。そのため寂れている怪しげな建物に見えて実は人気物件なのだ。週に5、6件は、空きがないかと日本人からも外国人からも問い合わせがあるそうだ。そして新しい店子が入れば、今度は冷蔵庫だのイスだの必要な備品を用意してやる。なんでそこまで、面倒を見るのだろう……ふしぎに思って聞いてみると、

「知らねえよ、そんなもん。来っから面倒見てんだ」

とシンプルな答えのあとに、しんみり続けた。

「本当はよ、もうやめてえんだ。儲かんねえしよ。買うって人もいるんだ。だからおめえら出

て行けって店子に言ってんだけど、だあれも出てかねえ」

やめたいという話にドキリとしたが、スニルさんがにやにや笑っているところを見ると、いつものネタというか愚痴のようなものらしい。ここがなくなったら、みんな困るのだ。草間社長はそれをよくわかってて、冗談半分で憎まれ口を叩いているのだろう。

「外国人はきれえだ」

なんて文句を言いながら、なんだかんだと世話を焼く。そんな草間社長を、外国人は「シャチョー」、日本人は「オヤジ」と呼んで、頼りにしているのだ。

そして僕たちはさらに、隣の焼肉屋「孫Ｂｅｙ」になだれ込んだ。すでに地元の日本人のアニキたちがべろんべろんになっているが、スニルさんの顔を見るなり、

「大丈夫かよスリランカはよ。モノもねえ油もねえって聞くけどよ」

と酔っぱらいつつも心配して声をかける。ほとんどの日本人は関心もないであろうスリランカの国難を、亀仙人街の人々はちゃんと知っているのだ。ふだんからスリランカ人と付き合いがあるからだろう。彼らはスニルさんとしばらく話し込んだのちに、よおしとばかりにフィリピンパブへと繰り出していった。

東南アジアのギャルにハマっているのは彼ら日本人だけではない。スリランカ人も同様なのだとスニルさんは言う。とりわけクリスチャンのフィリピン人を口説きたがる。

「スリランカ人は仏教徒が多いんですけど、相手がタイ人の女性だとやっぱり仏教じゃないですか。仏教×仏教はなんか気が咎めるみたいで……」

わかったようなわからないような理由だが、とにかく亀仙人街のフィリピンパブに、常総に

住むスリランカ人も足しげく通う。その挙句、けっこう騙されちゃうのだという。お母さんが病気なのとか、お父さんが明日手術だけどおカネがないとか、そんな言葉をアッサリ信じ、彼女のためにと貢いでしまう。パキスタン人も似たようなものだ。宗教的、家族親族的な縛りが強い南アジアで育った男たちは、遊び慣れていない。だから海千山千の東南アジアの女たちにいいように転がされてしまう。フィリピン人ギャルの奪い合いでスリランカ人同士で大喧嘩になったこともあるそうだ。草間社長が教えてくれた。

「クルマ売って貢いでる外国人もいるってよ」

それでも多国籍な男たちは懲りもせず、今日もフィリピンパブやタイパブに通う。多文化共生なんて言葉は、亀仙人街の誰も興味がないだろう。でもここには、国を超越した濃密な交流がある。対立も嫉妬もカネも欲もひっくるめた、生々しいコミュニケーションがある。

「おもしれえよ、見てるとよ」

亀仙人街のドンは、愉快そうに言った。

農産物直売所は異国の香り

日本有数の農業県だけあって、茨城県内を走っていると農産物の直売所をよく見る。僕も取材の合間によく立ち寄った。354の旅も夏場に差しかかっていた時期だ。トマトやオクラやナスやししとうなど、夏野菜がみずみずしい。どれも東京のスーパーマーケットに並んでいるものより、ずっと大ぶりで安いから、たっぷりと買い込んだものだ。

そんな一般的な店と比べると「まほら邑《むら》農産物直売所」の品ぞろえはちょっと違う。パクチー、空心菜、かぼちゃのつる、ミント、タイでよく使うナガササゲや丸なす、ビーツ、夕顔……。アジアの食卓に上る野菜が、小さな店内にずらりと並ぶ。冷蔵庫も置かれていて、のぞいてみればハラルの羊肉や鶏肉、シカ肉にナマズ、インドネシアの発酵食品テンペまである。

お客もいろいろで、ベトナム語の会話も聞こえてくるし、ヒジャブをかぶった女性も、インド系の恰幅のいいおじさんもいる。多国籍タウン常総らしい店なのだが、そんなお客と世間話を交わしながら接客しているのは、みな日本人のおばちゃんなんである。

「お兄さん、このバナナちょっと固いけど大丈夫？」

なんてインド系のお客に声をかけ、民族衣装のシャルワール・カミース姿のおじさんと「あら久しぶり」なんて笑い合う。外国人のほうも達者な日本語で「お盆はいつ休みだっけ？」と話しかけたりしている。なんとも楽しい風景なのだ。

北関東に限ったことではないが、外国人向けの野菜やスパイスなどを販売する食材店は、経営も外国人というところがほとんどだ。だけどここ「まほら邑農産物直売所」は、日本人が営む。そしてさまざまな国の外国人でいつも賑わっている。

「お客さんの8割、9割が外国の方じゃないですかね。スリランカ、ベトナム、インドネシア、バングラデシュ、パキスタン、ミャンマー、ブラジル……」

オーナーの中山政子さん（72）の口から、すらすらと国名が出てくる。いまの時期よく出るのは、パッカナー（カイラン菜）、空心菜、ヘチマ、ビーツ、夕顔あたりだそうな。それにパクチー、レモングラス、ホーリーバジル、カー（タイ生姜）、レモンなどは年間いつも置くようにしているという。

「あとね、このへんの地域だと唐辛子は必需品なんですよ」

確かにいろいろな種類の唐辛子も売っていて、さわやかな香りを立てている。アジアの食卓には欠かせない存在だ。

こうした野菜やハーブは、近隣の農家が生産している。会員制となっていて、採れたてのものを「まほら」に運び込み、直売する。アジア系外国人の急増を見て、商売になると踏み、彼らの好むものをつくっているというわけだ。外国人の存在が、地域の農業生産に影響を及ぼすまでになってきているのである。

そんな農家の一軒だというおばあちゃんが、ちょうど店に作物を卸しに来ていた。毎日やってくるのだという。

「よく売れるのはパクチーだな。このへんの農家、いまは誰でもつくってんだ」

ついでに顔なじみの店員たちとひとしきり雑談を楽しんでいく。ここはちょっとした社交場でもあるようだ。業者の大半はお年寄りだが、年金以上に稼いじゃう人もいるという。だがそれ以上に、「持ってくるそばから、どんどん売れてなくなってくのを見るのは嬉しいんだ」とおばあちゃん。農家としてはきっとつくり甲斐があるのだろう。

会員農家の中には、外国人もいるのだと中山さんは言う。

「日本人とタイ人の夫婦とか、スリランカ人とかね」

彼らはそれぞれの国の野菜を生産し、「まほら」に持ち込む。それを近所に住む技能実習生をはじめとした外国人労働者が買っていく。

なんとも面白い場所なのだが、もともとは20年以上前に中山さんの夫が始めた商売なのだという。工場で働く日系ブラジル人やペルー人が多かった時期だろう。そこに商機があると踏んだのか、中山さんの夫は当初から外国人相手の店としてオープンした。

「最初はパクチーから始まったんだよ」

それからスリランカの野菜を増やし、ベトナムのものを入れ……と、生産農家に相談をしながら、変化していく常総の外国人勢力図に対応してきた。ところが9年ほど前、中山さんの夫が亡くなってしまうのだ。

「それまで私はぜんぜん畑違いの仕事をしててね。定年退職後は好きなことをやろうと思ってたんだけど」

生産農家や、働いていたスタッフ、それにお客の外国人たちからも「まほら」を続けてほしいと言われた。そんな声を受けて、中山さんは夫の後を継いだのだ。それからずっと、街の多国籍化を見続けてきた。

「とくにここ4、5年は、外国の方がどんどん増えましたよね」

それに「まほら」を仕入れ先として使う外国人も多くなってきた。エスニック食材店やレストラン、そこに卸す外国人が、ここで商品を買い付けていくのだ。ときには大量に買っていって品薄になってしまうこともあるのだが、

「もともと、うちのがね。国の野菜を食べたいって外国人のために始めた商売だから」

と、できるだけ個人のお客を優先しているそうだ。その中には、長年「まほら」に通っているなじみの外国人もたくさんいる。日本語も達者な人ばかりだそうだ。

「ラマダンの時期なんかね。果物をたくさん買ってくんですよ。断食明けに食べるみたいで

ね」

と、中山さんのほうも彼らの文化や生活習慣を知っている。異国に暮らす気持ちもよくわかっている。そんなおばちゃんたちが、今日も野菜を手に、外国人たちを出迎える。

「シーア派のモスク」の寺メシは甘い炊き込みご飯

常総はまさに「多様性の茨城」を象徴する街なわけだが、さらにもうひとつ興味深い物件がある。それが「マルカズ・ムハンマド・アレイ・ムハンマド」という、イスラム教シーア派のモスクなのである。

これを聞いて「おおっ！」と思ったアナタは通である。日本において「シーア派のモスク」という存在がいかにレアであるかを知っているということだからだ。伊勢崎で訪れたモスクもそうだが、日本にいまや100以上あるといわれるモスクのほとんどは「スンニ派」のもので、シーア派はほとんどない。世界に18億人ほどのイスラム教徒がいると言われるが、うち8割以上がスンニ派だ。シーア派は1割強に過ぎない。その構図がそのまま日本にも当てはまるというわけだ。

訪れてみれば、イスラム建築独特の玉ねぎのような屋根がなんとも印象的だ。中にお邪魔させていただくと、絨毯の敷かれた大広間がふたつ、壁に仕切られて続いている。奥の部屋に進んでみると、壁には一面、コーランの教えを描いた色とりどりのカリグラフィが飾られていた。こざっぱりしたスンニ派のモスクよりも、だいぶカラフルな感じだ。

「ここに集まってくるのはほとんどパキスタンの人なんですよ」

そう教えてくれたのはセリーム・シャーさん（58）。このモスクを取り仕切っているボランティアのひとりで、セリームさん自身もパキスタン人だ。日本に来ておよそ30年になる。

シーア派といえば、イラン人が主流というイメージがある。実際、世界のシーア派のうち40%がイラン人だそうだ。ほかにイランのお隣イラクや、レバノン、イエメン、インド、アフガニスタンなどにもシーア派が暮らす。パキスタンではスンニ派が圧倒的で、シーア派は2割にすぎない。そんな少数派である「パキスタン人のシーア派」が、ここ常総では多いのはなぜだろうか。

それは単に、イラン人自体が日本に少ないからだ。80年代、北関東に不法就労の人々が多かった時代、イラン人も相当数がいたのだが、日系ブラジル人やペルー人の合法的な労働力に置き換わる中で、大半は帰国していった。いま残っているのは日本人と結婚したイラン人が多く、特定の場所に大きなコミュニティを形成することもない。代わりに、シーア派のパキスタン人ががんばっているというわけだ。

「みんな、いろんなところに住んでいるんです。東京や栃木、茨城のあちこち。私は横浜から」

とセリームさん。今日はシーア派にとって特別な儀式が行われるので、集まってきたのだという。僕も絨毯のすみっこに座らせていただくと、やがて朗々とした祈りの声が響きわたった。

インドから来たというイマーム（先導者）が、ときに語りかけるように、ときに激しく、殉教者フサイン・イブン・アリーの受難について熱弁を振るう。三々五々集まってきた男たちは20人ほどだろうか。みな首を垂れ、イマームの教えに耳を傾けている。ときにすすり泣く声さえ聞こえる。女性たちは壁で仕切られた別室にいて、ビデオ中継を見ながら同じように祈っているという。

イスラム教の預言者ムハンマドの孫にして3代目の指導者フサイン・イブン・アリーは、7世紀にウマイヤ朝との戦争によって命を落とす。彼の痛みと苦しみを分かち合おうという儀式が「アーシュラー」と呼ばれているが、今日はその「殉教」から3日目を悲しむ、いわば服喪の儀式のひとつなのだそうだ。セリームさんは「日本の仏教の四十九日的なものじゃないかな」と言っていた。

イマームのスピーチは1時間ほど続いた。それから男たちは立ち上がって、祈りの歌を詠唱しながら掌でリズミカルに自らの胸を叩く。ドン、ドンと肉を打つ音がモスクに響く。フサインの痛みを共有しようという行為だ。殉教者フサインへの深い信仰が、シーア派の中核にあるように感じた。

儀式の後はお待ちかねの「寺メシ」である。お参りのあとに参列者で食事を取るのは日本の仏教も神道も、それにイスラム教も同じだ。

運ばれてきたのは、じゃがいもとマトンのカレー。ナンを浸して食べるとこれが実にうまい。

「こっちもおいしいですよ」

口々に勧められたのは、プラウ（炊き込みご飯）の一種だろうか。食べてみるとスイーツのように甘い。アーモンドやカシューナッツ、レーズンなんかが入っている。こうした儀式のときのメニューのようだ。

「今日は印西《いんざい》市から来たんですよ。クルマで1時間半くらいかかった」

隣に座ったおじさんがそんなことを話してくれた。パキスタン東部ラホール近郊の出身で、日本に来て15年近くになるという。日本の大学で学んでＭＢＡを取得、その後は日本製の高品質な計測器をアメリカなどの国に輸出するビジネスを手がけているそうだ。「子供も去年、日本に呼んだばかり」。その9歳の男の子が傍らでおとなしくしている。

ほかのパキスタン人の生業はやはり、中古車の輸出ビジネスがほとんどだ。その拠点となっているのは、中古車のオークション会場がある栃木県の小山や、千葉県の野田だが、常総はそのどちらからも近い。それもこのモスクの立地の理由のひとつだろうけれど、

「なに、安く手に入る物件がここにあったからだよ」

とセリームさん。もともとは廃業したレストランか会社か、とにかく荒れ果てた建物だったそうだ。それを10年ほど前に格安で買い取り、改装を重ねて、モスクとして整備をしてきたという。資金はすべて仲間内の寄付だ。

それに運営も、セリームさんも含めた有志が手弁当で行っている。維持管理費、それにイマームはこうした儀式のときだけインドのデリーから来てもらうそうだが、その渡航費やビザ代などなども寄付で賄う。

「1万円の人もいれば10万円出す人もいるけど、みんな同じ。多く出したらエラいとか、ぜんぜんないの。そういうのがイスラム教のいいとこだって思うんだけどなあ……って自分で何言ってるんだって日本人に言われちゃうかもしれないけど」

なんてセリームさんは笑う。

ところでシーア派とスンニ派といえば、なにかと対立が報じられることもあるが、

「今日はスンニ派の人も来てるよ」

というではないか。

「私は八潮にあるスンニ派のモスクの運営をしてます」

そう口を挟んでくる人もいる。日本では、お互い協力関係にあるらしい。

「シーアとスンニ仲が悪いとか、それ『日本人はみんなチョンマゲしてる』と同じこと。実際は違うでしょ」

と、セリームさんは独特の表現をする。

いろいろ違いがある両派だが、もっとも異なるのはムハンマドの後継者をめぐる考え方だそうな。ムハンマドのいとこであり娘婿でもあるアリーとその血脈に託したいというシーア派。一方のスンニ派は血統ではなく能力で指導者を決めるべきという考えだ。

だが日本では「スンニもシーアも同じパキスタン人同士」という気持ちが強いのだろう。中古車ビジネスを通してのつきあいもある。だからお互いに宗派の違うモスクにも顔を出す。

そんな彼らも50代が中心だ。日本での生活も長い。

「昔は苦労したよ。右も左もわからない、いまみたいにハラルの店もない。野菜と魚と豆だけ食べてね。スパイスなんかは上野にあった店でしか買えなかったな」

そこを乗り越え、日本語を磨き、仲間同士で集まれるモスクを建設し、日本で着実に生活を紡いできた。いまではもう成長した子供たちの時代だ。

「でもね、私たちほどマジメじゃない。子供たちもモスクには来るよ。だけど日本で生まれて日本で育って、ほとんど日本人と同じ。だから私たちほどお祈りに厳しくないし、深くもない」

なんてセリームさんは苦笑いする。世代が変われば文化も変わる。日本生まれのシーア派の子供たちは、この国でどう生きていくのだろうか。

〝スリランカ人の母〟の奮闘

多民族タウン常総にあって、

「外国人を受け入れたくないって地元の人は多いんじゃないでしょうか」

と、小笠原紀子さん（54）は語る。「しもつま外国人支援ネットワークｔｏｍｏｄａｃｈｉ」の代表を務め、常総や、その北の下妻市でも急増し続ける外国人の生活サポートを行っている。日本語教室や、相談窓口ともなっているコミュニティサロン、日本人も外国人も関係なく受け入れる子供食堂など、さまざまな活動でいつも走り回っている実にパワフルな人なんである。

「このへんの工場や農家、どこも外国人が働いているのに、関わり合いたくないって人が大半だと思います。外国人のほうも、職場と家の往復だけで地域に溶け込もうとしない人が多いんです」

そんな両者をどうにか仲立ちできないか。お互いに知り合える場や機会をつくりたいのだと言う小笠原さんは、もともと「亀仙人街」の住民だった。居酒屋を営んでいたそうだ。そこで「ランディワ」のスリランカ人スタッフたちと親しく話すようになったことがきっかけだった。

「はじめはね、怖いなって思ってたんだけど」

彼らは毎日、小笠原さんの顔を見ると親しげに声をかけてきた。重いものを運んだり、掃除を手伝ってくれたりすることもある。逆に小笠原さんは、漢字だらけでなんだかサッパリわからない役所からの通知を説明してあげたりと、少しずつスリランカ人たちに親しんでいった。

そして居酒屋を閉業したあと、「亀仙人街」の2階にバーを開くと、スリランカ人が集まるようになってくる。夜ごといろいろと相談も持ち込まれる。給料の安さや日本人からの不当な扱い、在留資格の取得や更新の難しさ……異国で暮らす難儀さを知らされるのだが、一方でスリランカ人は困った人たちでもあった。政治的な難民というわけでもないのに難民申請と仮放免を繰り返して、何年も日本で暮らしちゃってる人（ただし2022年の外貨危機以降は本当の難民も発生しているかもしれない）。無免許運転や不法就労。そして週末になると小笠原さんの店にやってきて、国の音楽でめちゃくちゃに盛り上がる。その騒音で、なんでもアリの「亀仙人街」といえど周辺の民家から苦情が殺到する。酔っぱらったスリランカ人同士でのケンカも起きる。そのたびに警察がやってくる。

ほとほと手を焼いた小笠原さんはとうとう店を閉めるのだが、それでも縁ができたスリランカの人々を放っておくことはできなかった。

「もしかしたら、この国に来たからおかしくなっちゃったのかもしれないなと思ってね」

同じ仏教国である。それに小笠原さんはスリランカに興味を持って学ぶうち、ある言葉を知った。それは1951年のこと。第二次大戦で敗戦国となった日本と、連合国との講和会議がサンフランシスコで行われていた。アジア各国を侵略した日本にとって、相当に厳しい内容が話し合われると考えられていたが、その席上で当時のセイロン（現スリランカ）代表ジャヤワルダナ氏はこう演説したのだ。

「憎しみは憎しみによって止むことなく、愛によって止む」

ブッダの言葉を引用し、対日賠償請求権を放棄するだけでなく、日本の国際社会復帰を後押ししてくれた。この演説がなければ、日本の孤立はさらに長引いたかもしれない。スリランカは日本にとって「恩人」ともいえる国だ。

そんな国の若者たちだ。どうにかしてやりたい。小笠原さんは、今度は農園を開いて、そこでスリランカの野菜を育てることにした。働くのは、コロナ禍の入国制限で帰国できなかったり、あるいはあまりに過酷な待遇から逃げだしてきた技能実習生たちだ。彼らに生活の場を与え、「特定活動」など就労できる合法的な在留資格の取得を手伝う。

「もうタイヘンですよホント」

小笠原さんは、やれやれという感じでため息をつく。クリケットの試合ともなると気が気ではない。常総をホームとする茨城在住スリランカチームと、群馬在住・栃木在住のスリランカチームでときどき、北関東カップが戦われるのだ。下妻の小貝《こかい》川沿いの河川敷まで、僕も観に行った。「ランディワ」が目ざとくキッチンカーを出すほど盛り上がっていたのだが、ときにヒートアップしてしまうのだという。

「トチギの連中には負けんじゃねえ」

「イバラキのやつらには絶対に勝つぞ」

とかなんとか、どういうわけだかスリランカ人たちはそれぞれの県を背負い、愛郷心を持ち、大いにプライドをかけて試合に臨むのである。

「お前らの茨城、栃木じゃないんだからって言うんだけど」

小笠原さんが呆れるが、スリランカ人たちは勝負をガチるあまり、母国から元プロ選手みたいなすごいのを助っ人として連れてくることまでするという。その人にキチンと在留資格を取らせ、仕事をあっせんし、チームに招くそうだ。さすがはスリランカを代表するスポーツ……といえなくもないが、熱くなればケンカも起きる。それをなだめるのも、地域の人から苦情が入れば頭を下げるのも小笠原さんだ。なんだか、北関東のヤンキーたちと、その面倒を見る先生のようなのである。

いつしかスリランカ人たちは小笠原さんを「ママ」と慕うようになっていったが、頭の痛い問題が次々に持ち込まれる。スリランカ人だけではない。例えば下妻には2022年に新しくヒンドゥー教の寺院が建立されたのだが、そこにおおぜいのインド人が押しかけ、なにごとかと驚いた住民からの苦情が警察に殺到した。廃業したスーパーマーケットを、やはり中古車ビジネスで成功したインド人が買い取り寺院に転用したという北関東の現状を表す物件といえるが、地域への挨拶回りが足りないのだ。警察から行政経由で小笠原さんに連絡が行き、これまた仲介役を頼まれる。

寺院といえば、つくば市にはスリランカ寺院があるのだが、こちらも仏教の祭事などで人が集まるたびに警察に通報される。騒音などの問題もあろうが、「外国人が集まること自体が気に入らない」という空気も感じる。なにか良からぬことを相談しているのではないか、という疑念だ。実際に、車ドロボウだの万引きだので警察のやっかいになる外国人もいる。それは外国人全体からするとごく一部に過ぎないのだが、やたらとクローズアップされて報じられるから、警戒心は募る。

茨城県のある自治体では、外国人同士のケンカが発端で、市内放送が流された。「刃物を持った外国人による殺人未遂事件が発生したので、十分に気を付けるように」という内容だったという。その地域の子供たちは集団下校となった。

「単なるケンカなのに」

と小笠原さんは嘆く。ケンカに刃物を持ち出すほうもどうかと思うが、それにしたって市内放送で煽るのはやりすぎではないのか。こういうことが起きるたびに、溝は深まっていく。だから小笠原さんのような人が間に入り、外国人の世話をしながらも言葉を学ばせマナーを教え、うるさく小言を言って日本のしきたりを叩き込む。一方で行政には、これまた口やかましく外国人の増加に対応するよう注文をつける。でないと、軋轢は大きくなるばかりだ。

「田舎は働く人がいなくて、農家は年寄りばかりで介護する人もいない。そういう仕事をする外国人がどんどん増えているんだけど」

外国人が人口の約1割にまで達したとはいえ、いや、だからなのか、日本人との距離はあまりに遠い。それが北関東の現実だろう。外国人労働者がどれだけ多くなっても、生活の中で彼らと関わり、その気持ちまで知っている、つまりは友達である日本人は、本当にわずかなのだ。

それでも、どんな街に行っても、小笠原さんのような日本人がいるものだ。やれやれと言いながら外国人が地元になじめるよう手を尽くす人たちと、この旅の中では何度も出会った。その優しさと寛容さもまた、日本人なのだ。

「いまは『特定技能』を勉強中のスリランカ人もいるんですよ」

「特定技能」は、なにかと問題ばかりの技能実習制度に代わる在留資格と期待されている。人手が足りない14業種に外国人が就労できるというもので、転職ができる、分野によっては在留期間の制限がないなど外国人にとってのメリットは大きい。技能実習後に特定技能に移行する人も少しずつだが増えている。

この14業種から、小笠原さんの農園での経験を活かして「農業」を選び、この国で働ければ……そう考え、資格取得に必要な日本語と技能の勉強に力を入れているスリランカ人もいる。

そんな彼らを小笠原さんは、ため息をついたり笑ったりしながら、今日も見守っている。

起死回生のケバブ

水海道駅は、想像以上に寂れていた。2両編成の小さな列車を降りると、広い駅前ロータリーはがらんとしていた。歩く人はまばらだ。だが駅のすぐ隣にはブラジル食材店「TKストア」があるし、近くのパソコン修理店にはポルトガル語併記で、ブラジル人の存在感を窺わせる。そして駅前には「JOSO spice FOODS&KEBAB CENTER」という看板があったので近づいてみると、なんだか陽気な声をかけられたのだ。

「こんにちは。どうですかケバブ」

店主のネパール人、サプクタ・ラビさん(35)であった。夏の猛暑の中で客引きをしているのはズバリ、ヒマだからであった。

「はあー、タイヘン。お客さん少ない。駅の前で場所いいと思って店開いたけど、歩いてる人だれもいない」

と、あっけらかんと言いながら、店内に招き入れてくれた。ネパール、インドもののほか、ハラル食品、ベトナムやタイなど東南アジア関連も扱う。しかし、お客はサッパリなのだという。一緒に店番をしている奥さんもヒマそうだ。「最近はみんな食材もネットで買うからお店に来ない」とラビさんは嘆く。

「でも、あっちのＴＫストアはけっこう人気。25年もやってるんだって。リミッタンス（海外送金）もできる。私もやりたいけどリミッタンス手続き難しい。いろいろトライしたい、でもアタマ足りない、お金もっと足りない！」

そう頭を抱えたかと思えば、僕に興味を持ったのか「逆取材」してくる。

「ジャーナリスト？　どこで書いてるの？　シンブン？　オンライン？　おカネはいい？」

「ぜんぜんよくない……」

そう返して、お互いに苦笑する。ネパール中部チトワン出身のラビさんが日本に来たのは２０１５年のこと。はじめは群馬・館林の工場にいたのだという。もう少し給料のいい常総に来たのは２０１９年だ。野菜の加工工場だった。それでも給料は15万円に届かない。だから奥さんとふたりで働いて、懸命に貯めたお金でもって独立。２０２１年に食材店を開いたのだが、この状態というわけだ。

「だから私、考えた。日本で商売するなら日本人のためにやらないとうまくいかないね。日本人もこの店に来る。でも見るだけ、なにも買わない。だって日本人の生活に必要なもの、なにも売ってない」

そこでだ。ラビさんは知人のトルコ人の会社でしばらく勉強し、ケバブ屋のノウハウを身につけてきたのである。そしてぐるぐる回るあのケバブ肉のコーナーを併設したところ、ときど

茨城県常総市水海道
354
常総市立水海道中学校
北水海道駅
鬼怒川
関東鉄道常総線
354
常総市役所
TKストア
JOSO spice
FOODS & KEBAB CENTER
水海道駅
200m

き日本人に売れるようになってきた。そして起死回生の一手として、ケバブのキッチンカーも買った。調理器具込み中古で200万円だったというが、これで北関東を売り歩くつもりなのだという。

「いまは役所からの許可を待ってるところ」

店の裏手で出動を待っているケバブカーを見せてもらったが、すでに「Rabi's Kebab」（ラビズ・ケバブ）のイラストロゴも描かれ、なかなかに頼もしい。いずれフランチャイズ化して日本全国でこのクルマを走らせたいのだと夢を語る。なんとも前向きなのだ。

「ネパールでも日本でも、がんばらないといけないね。座って食べるはできない」

と、独特の表現で勤労の大切さを説くのであった。

そんなラビさんから気になることを聞いた。なんでも、近くにある大手食品加工メーカーで、ネパール人が100人ほど一気にクビになったのだという。「経営・管理」の在留資格を持っているラビさんとは違い、みな「難民ビザだった」という。P140でも触れたが、日本に滞在する方便として難民申請し、「特定活動」など就労できる在留資格に移行した人々だろう。北関東の各地では、彼ら「自称難民」が労働力として重宝されてきた。その是非はともかく、大量解雇とはどういうことか。

「ベトナム人の技能実習生が、コロナ終わってたくさん入ってくるから、もうナンミンいらないって」

群馬県の派遣業者や行政書士などから「いずれ特定活動の外国人は削られていく」と聞いていたが、その通りの現象が始まりつつあるのだ。立場があやふやで、就労時間に制限がある場合も多い特定活動よりも、フルタイムでしっかり働けて、組合や企業がきっちり管理する技能実習生のほうが、大手企業としては扱いやすいのだ。コロナ禍による入国制限で技能実習生が日本に入れず、労働力不足に苦しんだ北関東では、すでに国内にいる外国人を労働力として活用しようと、特定活動でも大目に見て働かせるというケースが実に目立った。だがそれも、オミクロン株が流行した第7波終息とともに終わろうとしていた。もうナンミン上がりの労働者は要らないのだ。

「日本がイミグレーション（入国管理）のルール変える、そうすると、いなくなる外国人もいる。でも、日本人はずっといるね。イミグレーション関係ない。だから日本人のために商売しないとダメね」

ラビさんの言うことはもっともだ。この国で成功しようとするなら、入管の法の運用のサジ加減や派遣会社の方針で行き場を失う外国人ではなく、日本人を相手にしたほうがパイもはるかに大きいしビジネスチャンスは広い。つまりは日本社会になるべく溶け込んだほうが商売はうまくいくのだ。ラビズ・ケバブは成功するだろうか。

そして、100人単位でクビを切られたというネパール人やその家族の行方も気になる。北関東には、茨城県には、そんな行き場のない外国人でも受け入れ、吸収していく「職場」がまだまだたくさんあることを、僕はこの旅の終盤に知ることになる。

夜間中学で学ぶのは、日本の生き方

ラビさんと別れて、水海道の町を北に歩く。やはりというかなんというか、寂れた商店街の様子が物悲しい。錆びついたシャッターを下ろしている店ばかりだ。コンビニの前ではシャルワール・カミースを着たヒゲのおじさんがアイスを食べていた。パキスタン人だろうか。駐車場からはラテン系の外国人が運転するクルマがどこかへと走り去っていく。

鬼怒川の流れに沿うように、もう少し北へ。やがて大きな幹線道路に行きあたる。354だ。僕の旅のテーマとなっているこの国道も、茨城に入ってから狭い道ばかりになってしまったが、ここではいくらか立派だ。なんでも、すぐそばの鬼怒川にかかる水海道大橋の区間だけ有料道路になっているという。これは茨城側の354バイパス整備事業の一環だ。群馬に比べてだいぶ遅れてはいるが、茨城側でも354を物流の動脈にするべく開発が進んでいるのだ。

その354のすぐたもとに、常総市立水海道中学校がある。暑さがだいぶ緩んできた夕方、中学生たちはグラウンドで部活動の真っ最中だ。下校していく生徒も多い。そこを、逆に「登校」していく姿がある。ほとんどが外国人だ。級友や先生たちと挨拶を交わし、校舎に入っていく。やがて鬼怒川の向こうに陽が落ち、電灯の灯った教室で、「1時間目」が始まった。ここは北関東初にして唯一の夜間中学なのだ。

学んでいるのは3学年33人。日本人が10人と最も多く、ほかにパキスタン人、フィリピン人、ブラジル人、ベトナム人、ペルー人、アフガニスタン人など国籍は多岐にわたる。年代も幅広く、10代が中心だが20代から70代までさまざまだ。

もともと夜間中学は、戦後の混乱期に生まれた。焼け野原を生きていくために昼間は働かざるを得ず、学校どころではない子供がおおぜいいたのだ。そんな子たちが夜間に通い、義務教育を受けられる場を、と設立された。いまでは不登校やいじめ、病気などの事情で義務教育を受けられなかった人の受け皿になっている。

その夜間中学がいま、外国人の教育に大きな役割を果たすようになってきている。母国で日本の義務教育に相当する教育を受けられなかった人や、出稼ぎの親に連れられて「家族滞在」の在留資格で日本に暮らす子どもたちが通う。

そのひとり、パキスタン人のビラル・ハズラッドさん（17）が言う。

「夜間中学のことは市役所で知って、勉強したいと思ったんです。1年前に入学したときは、日本語はなにもわからなかったのですが、いまは少し話せるようになりました」

「少し」どころではない。けっこう流暢なのである。いろいろな国の生徒たちがいるから、学校内の共通語は日本語だ。毎日その環境に身を置いていると、やはり上達は早いのだろう。

「学校はほんと楽しい」

実感を込めて言うビラルさんは、坂東から通ってきている。やはり親は中古車ビジネスをしているそうだ。仕事を手伝い、よく小山のオークション会場にも行くという。坂東にはタイ人がたくさん暮らしているが、パキスタン人の中でもビラルさん一家をはじめパシュトゥン民族のコミュニティもある。この学校に通っているパキスタン人は、すべて彼らパシュトゥンだ。

「今度、いとこも入学する予定なんです」

こうして夜間中学で日本語を鍛え、義務教育を修了すれば、日本の高校に入る資格を得られる。そうすれば将来の選択肢がずいぶんと広くなるのだ。ビラルさんもそこを目標にしている。なんとか日本の高校に入って勉強したいのだという。

外国人の労働者が増えれば子供も増える。その教育は大きな問題だ。たとえば中学生くらいでいきなり母国から連れてこられて、言葉がわからないまま日本の公立学校に入れられてしまうような子がけっこういるのだ。当然、授業についていけるわけがない。友達もできない。学校をやめドロップアウトしていく。仕事も限られてしまう。やがてグレて、同じような外国人同士でつるみ、悪さをするようになっていく……。古くは中国残留孤児の2世たちがつくったマフィア集団があったし、90年代以降は日系ブラジル人の子どもたちも荒れた。そしていま、新しい世代の外国人労働者である東南アジアや南アジアの子どもたちが、同じような問題に直面している。その救いともなっているのが夜間中学なのだ。ここには同じような境遇の外国人が学んでいるし、日本語漬けの環境で語学力を養い、言葉に慣れれば一般の授業にも参加し、義務教育を身につけることができる。日本社会に溶け込むための、ひとつの道筋がここにある。

ところが予算の問題もあり、夜間中学の数は少ない。いまのところ15都道府県に40校があるだけだ。北関東では2020年にここ水海道中学校に併設されたが、その1校のみ。だから常総のほか、坂東や下妻、古河、つくば、土浦など茨城各地だけでなく、栃木県から通ってくる生徒もいる。通学がたいへんでも、学びたい人が北関東にはたくさんいるのだ。

「2023年度はすでに、21人の入学希望者がいるんです」

校内を案内してくれた鈴木健幸教諭(43)が語る。高い需要に対して、水海道の1校だけで対応するのもなかなかにたいへんだ。外国人に対する教育を充実させていくことは、長い目で見れば日本社会のリスクを軽減させることにつながる。だから外国人労働者が社会を下支えしている北関東には、夜間中学がもっと増えてもいいと思うのだ。

「だから、日本で勉強したい」

鈴木先生のガイドで、引き続き生徒たちが学ぶ様子を見学させていただく。クラスごとにいろいろな授業が行われているが、日本語の教室を見てみると、

「今日の天気は、どうですか？」

「とても暑いです」

と、猛暑をお題に4人の生徒が文法と受け答えの練習をしていた。まだ日本に来たばかりの生徒たちなのだろう。ビラルさんのいるクラスはもっと進んでいて「自動詞と他動詞の違い」なんて授業をやっている。僕にもよくわからない。それぞれの日本語のレベルに合わせて授業内容が編成されているのだ。それに生け花体験など日本文化を学ぶ取り組みもあるそうだ。

しかしここは、時間帯こそ異なれど、あくまで日本の中学校なのである。だから社会や数学や音楽や体育といった授業もあるし、そこにいずれ参加できるようになることが入学間もない生徒たちの目標だ。

理科室ではなにやら実験もやっていた。「ヨウ素のデンプン反応」という懐かしいがサッパリ覚えていない授業で、「細胞の構造」「葉緑体」なんて用語も飛び交う。顔立ちも年代もいろいろな生徒たちが、日本語でわいわいやりあいながらプレパラートを顕微鏡で観察している。そんな様子を見ていると、僕ももう一度、学び直したいなあと思えてくる。

その理科室でひときわいきいきしていたのが、ザイナブ・アルソダーネさん（22）だ。イラク・バグダード出身で、彼女の夫も中古車やバイクの輸出を手がける。北関東の外国人にどれだけこの仕事が広まっているんだろうと驚くが、彼女が住んでいるのは20キロほど離れた龍ケ

崎市だ。そこから鉄道を乗り継ぎ、毎日学びにやってくるのには理由がある。

「ダーイッシュって、知ってますか」

はっとした。いわゆる「イスラム国」のことだった。２０１３年頃からイラクやシリアで勢力を広げたこの過激派組織の影響下で、ザイナブさんは育った。女性の教育は否定され、小学校までしか行くことができなかった。10代の頃に学べなかったのだ。

「だから、日本で勉強したい」

その気持ちの強さからか、ザイナブさんの日本語はめきめき上達し、入学1年3か月だが理科の授業にも十分ついていけるようになってきた。

「毎日楽しいです。仲のいい子はベトナム人かな。卒業したら高校にも行きたいし、目標は筑波大学です」

きっぱりと言うザイナブさんを、傍らで見守っていたのは副校長の岡野明彦さん（60）だ。教員キャリアの最後にこの夜間中学に赴任してきたが、

「日本人も外国人も、変わりはないです。生徒は同じですね」

と話す。言葉の面での苦労はあるが、それでも、

「気持ちを伝えようとするのはそう難しくない。怒っているとか、褒めているとか、よくやったとか、そういうのはわかるものですよ」

それに教えるのは日本語や勉強だけではない。ここは日本のマナーや社会常識を学ぶ場でもある。ごみをそこらにポイ捨てした生徒を「日本じゃそれはだめなんだ」と叱ったりもする。日本人の教師や生徒と生活をともにしながら、日本人の持っている気質や考え方、文化ともい

うべきものを肌で知り、なじんでいく。日本で生きていくための下地をつくっていく。授業の内容よりも、それこそが「教育」なのかもしれない。

「日本人との付き合い方が身について、それが彼らの役に立てばうれしいと思いますよ」

そう岡野さんは言う。

茨城の多国籍化はこれからも加速していくだろう。製造業でも農業でも、どんどん減っていく日本人の代わりに外国人が働くという流れはもう止まらない。つまり今後はいままで以上に、問題も対立も増えてくるだろう。そのとき、常総のこの夜間中学で学んだ生徒たちが、地域の軋轢を和らげるクッションになってくれればと思うのだ。

コラム　「フホー」に支えられる茨城の農業

　354の旅もいよいよ終盤に差しかかってきた。水海道から東へ、小貝川を越えて少し進むとつくば市だ。研究機関の集まる学術都市として知られるが、確かに市内中心部に入ると景色がずいぶんと変わってきた。のどかに広がっていた田畑の代わりに、角ばった低層のビルが並ぶようになる。企業や大学などの施設だろう。それに、例えばコンビニとか居酒屋とかドラッグストアやキャバクラのような店も、ごちゃついた雑居ビルではなく研究棟を意識しているのかやはり低層の整然とした建物に収容され、なんともすっきりした感じだ。道路は広く、走りやすい。そんな街並みを、筑波山が見下ろしている。茨城に入ってからこっち、あちこちで見え隠れしていたこの名峰だが、つくば市内からはとりわけ雄大に見える。

　クルマを駐車場に停めて、市内を歩いてみる。つくば駅のまわりが繁華街となっているが、いかにも計画都市といった様子で広々キッチリとしており、アジアの雑多さに紛れるのが好きな僕としてはやや気後れしてしまう。

　駅を取り囲むように並ぶ公園や研究施設やショッピングモールを回ってみると、目立つのは外国人の姿だ。それも白人や黒人、アジア系と実にさまざま。そのかなりの部分が、研究者や留学生なのだろう。この旅で僕が接してきた労働者としての外国人とはずいぶん佇まい

も違う。こうした学究関連の人々を中心に、つくば市にはおよそ1万人の外国人が暮らす。これは茨城県で最も多い数だ。人口に対する外国人の比率は4%で、9・6%の常総市より低いが、人数でいえばつくばこそ茨城を代表するインターナショナルタウンなのだ。

しかし研究者は数年で帰国していくし、留学生も学校を卒業後の進路はさまざまで、つくばに留まるとは限らない。そこに新入生や、新しく赴任してきた研究者が入ってくる。人の移り変わりのサイクルが早いのだ。家族連れではなく単身で来ている人も多い。だから大きなコミュニティが形成されにくい。交流イベントこそいろいろあるけれど、定住した外国人たちの暮らしぶりが伝わってくるような場所が、意外に少ないのだ。

しかし近年では、東京・江戸川区に集住するIT関連のインド人が、つくばに移住してくる動きもあるそうだ。もとから理系の施設や企業が多い街だし、コンパクトに何でも揃っていて自然豊かなつくばに住みやすさを感じるインド人が多いのだとか。IT系はコロナ禍でとくにテレワークが進んだこともあるし、都内に用があるときはつくばエクスプレスに乗ればいい。

少しずつ増えてきたインド人のためにヒンドゥー教寺院を建立する動きもあるとかで、つくばの今後の発展を楽しみにしつつ、僕はさらに東へと走っていく。３５４を離れて少し南に進むと、牛久《うしく》大仏が見えてくる。全高１２０メートルの威容は茨城に住む仏教徒の外国人にとっては格好の観光地で、僕が立ち寄ったときには技能実習生と思しきベトナム人たちが遊びに来ていた。

そして牛久には、出入国在留管理庁すなわち入管の「東日本入国管理センター」がある。

オーバーステイや不法就労、難民申請を却下された外国人が収容される施設で、職員による暴行や人権侵害が相次いでいる。この取材で会ったたくさんの外国人から「日本、いい国。みんな優しい。サベツもない。でもニューカンは別。どうしてあんなにコワいの？」と嘆かれたことを思い出す。なんの不法行為もしておらず単に在留資格の更新に行くだけでも、ものすごく威圧的な対応をされるのだという。彼らの話を思い出しながら、クルマを茨城県の南東部へと走らせていく。

田畑の緑が豊かで、なんとも気持ちがいい。霞ケ浦の周辺から太平洋にかけての広大なエリアは、日本でも有数の農業地帯になっているのだ。

茨城県の総農家数は７万１０００戸超で長野県に次いで全国２位。耕地面積は16万３０００ヘクタールで北海道、新潟に次ぐ3位。農業産出額は４４１７億円と北海道、鹿児島に次ぐ3位。日本トップクラスの農業県なんである（数字はいずれも２０２０年。農林水産省による）。

そこを、かなりの部分で外国人が支えていることはあまり知られてはいない。茨城の農村では、自転車に乗ったアジア系の技能実習生たちが本当に多い。クルマ社会なのに、どこへ行くにも黙々と自転車をこいで走っていく後ろ姿を、僕はこの旅で数えきれないほど見てきた。

「いま茨城県には、およそ1万５０００人の技能実習生がいるんです」

浜田和樹さん（仮名）はそう話す。技能実習生が働く企業や農家を取りまとめる組合（監理団体）をチェックする、行政側の立場の方だ。ときに抜き打ちで、実習生が働く無数の現場

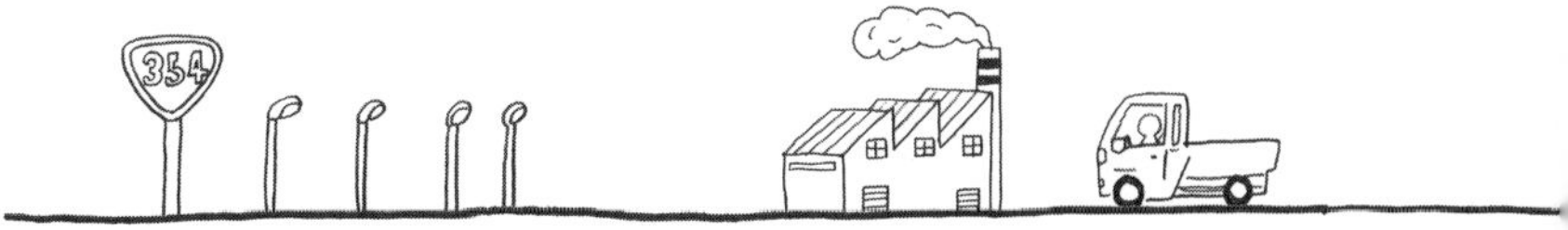

を視察してきた。

「そのうちベトナム人が５０００人、中国人が４０００人。あとはフィリピンやインドネシア、ミャンマー、カンボジア、タイなどいろいろです。中国人はもう若い子は日本に来ないので、おじさんが多いですね。ベトナムは男女とも若く、貴重な働き手になっています」

　彼ら実習生は、水戸や土浦などの都市部では建設や製造業、それに鉾田市や行方《なめがた》市といった「鹿行《ろっこう》地域」などの農村部では、農家で働く。とくにベトナム人は農業が中心だ。

「農家の出荷先であるＪＡ（農業協同組合）が組合（監理団体）を兼ねていることが多いんです。ふだんから付き合いがあるんですね。そこに相談して、実習生を受け入れる農家がかなりあります。茨城名産のメロンやさつまいも、いちご、レンコン……そういう作物を生産する農家でも実習生がたくさん働いています」

　農家のほとんどは家族経営だ。外国人をどうやって受け入れているのだろうか。まず気になるのは彼らの生活だ。

「自宅の敷地内の納屋を改造したり、コンテナハウスを買ってきたりして、そこを実習生の部屋にするんです。すごくきれいにしていて、私が暮らしたいなって思うところもあれば、人間の住む環境じゃないようなところまで、まあいろいろです」

　僕も地域や名前などは明かさないことを条件にいくつかの農家にお邪魔させていただいた。茨城県内のとある場所の、ベトナム人実習生が住むバラックのような小屋は、ほとんど東南アジアの飯場《はんば》のようだった。農機具が乱雑に置かれ、洗濯機も雨ざらしだ。ぼろぼろの自転車が３台ばかり。カゴには汚れたベトコン帽が投げ込まれていた。上半身裸のベトナム人が

ふたり、農作業で鍛え抜いているからか見事なシックスパックで、ひとりは腕にタトゥーが入っていた。10畳くらいの広さの部屋は言ってみれば高校生の部室というか合宿所のような感じで服やらモノやらが散らかり、ベッドが3つ。日本語はあまり通じないが、

「生活、ダイジョブ。でも実習生おカネない。日本なんでも高い。なにもできない。たまに水戸に遊びに行く。でも行って帰ってくるだけ、オワリ」

なんて投げやりに言っていた。食事は自分たちでつくっているそうだ。自転車でアジア系の食材店に行き、調味料などを買ってくるという。また店が遠い場所にある農家の場合、週に一度ほどクルマを出して実習生を買い出しに連れて行ったりもする。野菜や米は自宅にいくらでもあるし、あまっている農地を使わせてもらい自分たちの食用にベトナムの野菜やハーブを育てる実習生も多い。それにときどきは農家のほうで実習生たちを労《いたわ》り、みんなで食卓を囲むこともある。しかし、ある農家で聞いたところ、

「悪いところじゃ実習生に料理させずに、原価100円くらいの、ご飯とみそ汁、目玉焼きに沢庵くらいの食事を出して、一食500円を徴収してる」

なんて話もあるようだ。また、家賃や光熱費など給料からの天引きがあまりに多額で「白米にヌクマム（ベトナムの魚醤）をかけて食べてるだけの実習生もいる」と言う。農村のあちこちで聞きまわっていると、どうしてもそんなネガティブな話が耳に入ってくる。

「体感ですが、いろんなことがありつつも、9割の農家はうまくやってると思うんですよ。ベトナム人実習生を自分らの息子や娘のように扱ってね。でも、残りの1割が……」

浜田さんはため息をつく。実習生から寄せられる相談、現場を抜き打ち訪問したときに発

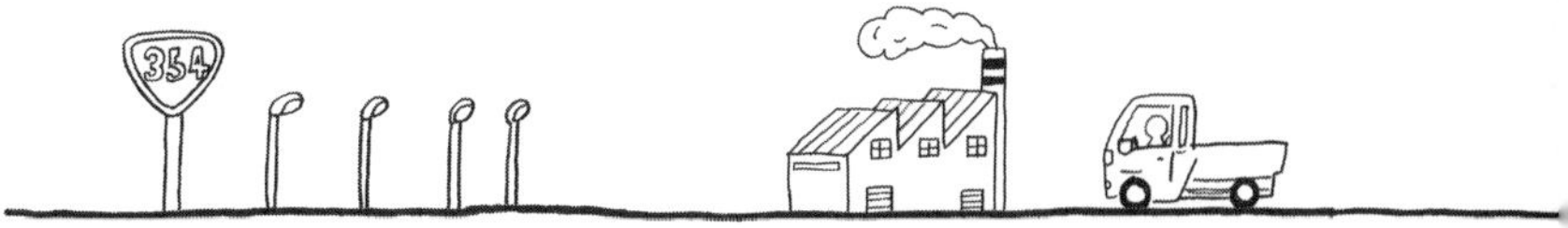

覚する問題で、最も目立つのはパワハラだ。

「言葉の暴力ですね。『殺すぞ』『帰れ』がとにかく多い」

言葉だけではなく実際に殴る蹴るの暴力は建設現場で顕著だが、農家でもある。女性の場合はセクハラだ。こうした行為は「外国人の技能実習の適正な実施及び技能実習生の保護に関する法律」つまり「技能実習法」のもと処罰されるのだが、なかなか認定が難しい。言った言わない、殴った殴ってないの話になるからだ。あまりにも嫌がらせが頻繁な場合は実習生がスマホで記録し、それを証拠として提出してくることもある。

「実習生と雇い主、双方に聴取をして、証拠があれば調べ、処分が下ります。業務を適切に行うよう指導する『改善命令』、実習生がほかの職場に移る『転籍』が多いですが、内容がひどい場合は組合や雇い主に対して実習生受け入れ許可・認定の『取り消し』となります。5年間、実習生を受け入れられなくなるんです」

いずれも行政処分で、これは実名・社名・住所・措置理由を合わせてウェブ上で公開される。調べればどこの組合やどこの社長がどんなことをやらかしたのか、バッチリわかってしまうのだ。中には実習生の部屋に監視カメラを仕掛けたことで取り消し処分を食らった農家もあるそうだ。

農業特有の、意外な違反行為もある。実習生はそれぞれの作業内容によって、「職種」が細かく分類されている。同じ農家でも、たとえばビニールハウスや温室での作業は「施設園芸」で、畑（露地）で農作物をつくる作業は「畑作」にあたる。で、この垣根を超えて仕事することは許可されていない。

「ハウス作業で入ってきた実習生に、露地栽培もやらせるのは違反なんです。これで改善命令や転籍が出たこともありますね」

それに「稲作」はそもそも実習対象に入っていない。この理由を浜田さんは「いちおう技能実習制度のタテマエは技術の習得と母国への移転ですからね。日本のコメを覚えても、東南アジアのコメとは品種がまったく違うし役に立たないだろうって判断なのかも」と推測するが、実習生に稲作作業をさせて行政処分となるケースもある。

「どの農家も自分たちの食べるぶんくらいは米を作っていることもあって、実習時間（労働時間）の3割くらいは稲作を手伝わせていいってことになっているんですが」

そこを超えてしまう農家もけっこうあるのだという。こうした細かな決まりごとについて、逆に農家から「納得がいかない」と苦情が寄せられることもあるそうだ。

「農家のほとんどは家族経営です。一家でいろいろな作物を育て、どんな仕事も合わせてやってきた。なぜ実習生にはそんな面倒な取り決めがあるのか、これでは戦力にならないと不満を言われることもあります」

労働時間についても同様だ。農業は天候次第の仕事でもあるため労働基準法の一部適用除外となっているのだが、実習生は別だ。技能実習法のもと、働くのは1日8時間・週40時間と定められていて、早朝から働けば昼過ぎには「上がり」だ。それ以上は残業代を支払う必要がある。しかし農家の仕事は一日中続くわけで、それを規定だの残業代だので区切られてはたまらないとこぼす人も多いし、そのノリで実習生をタダ働きさせて指導されたりもする。

「人を雇った経験のない農家が、いきなり細かな規則のもとに外国人を雇用する。いままで

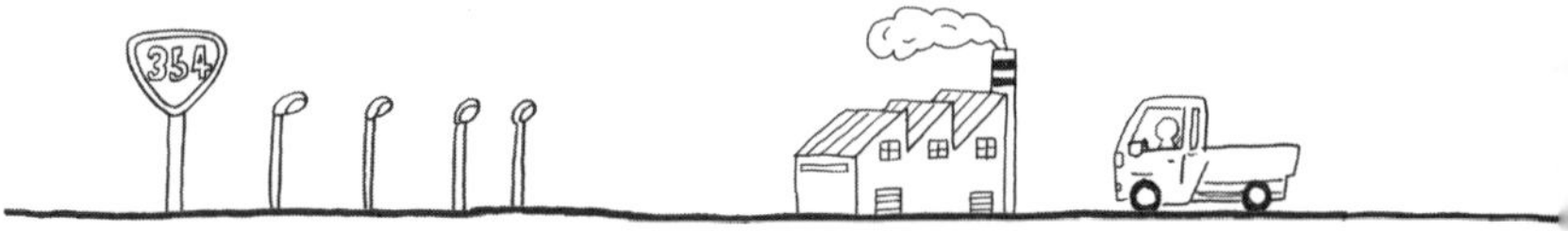

は家族だけで仕事をしていたから、残業なんて発想もなかったんです」

ところが実習生のほうは時給いくら、残業代いくらで暮らし、実家に送金をしている。決められたお金は払ってもらわないと出稼ぎ労働者としては困る。そこで揉めるのだ。

こうした意識の違いや、待遇の悪さ、パワハラや暴行が重なると、実習生も行動を起こす。とくにベトナム人の若者がキレるのだ。ビニールハウスをカッターでズタズタに引き裂かれた農家もあれば、トラクターを盗まれた農家もある。刃物を持ち出して農家を脅すこともある。

「ケンカの仕方はベトナム人のほうが慣れてますね。日本人のほうが、基本的にはビビってるんです」

浜田さんは苦笑する。東南アジアは温厚な人々が多いが、ベトナムは少し違う。僕も何度も現地を訪れているが、やんちゃなタイプもけっこういる。ベトナム人は良くも悪くもエネルギッシュで活発なのだ。それに目端《めはし》が利いて利に敏《さと》い。なんといってもフランスとアメリカを追い出し、中国ともやり合った国なのである。そこを日本人はナメすぎている。大人しい労働力だと思ったら大間違いなわけで、稼げない上に尊厳を傷つけられたら黙ってはいない。中には農家を飛び出し、技能実習制度という法の枠を外れ、イリーガルな存在になっていく者だっている。

生き抜くために「ボドイ」になる

逃亡実習生たちの最大目標は「稼ぐこと」だ。もはや雇い主や組合を気にする必要もないからと、犯罪もいとわなくなる。やはり実習先の農家から逃げてきたベトナム人男性フックさん（仮名）が言う。

「口座を売ったり買ったり、あとタクシーやってお金もらったり。盗んだものを買ってくれるベトナムのレストランや食材店もある」

タクシーというのは白タクだろう。それにギャンブルもやたらと多いそうだ。知人間のバクチにこっそりお金を賭けるのは日本人と同じだが、ベトナム人はその結果として多額の借金を抱えたり、取り立てるために拉致監禁したり、傷害事件になったりもする。農作物の盗難も多い。盗難車の無免許運転なんて珍しくもない。実習生時代は自転車だったが、逃亡したらクルマでかっ飛ばすのだ。２０２０年には、やはり３５４沿いの群馬県・太田市でベトナム人が豚を盗んで解体したとして逮捕される事件があったが、茨城でも根っこは同じだ。技能実習生の立場を捨て、「浮遊する労働力」となったベトナム人が、生き抜くため、それに稼ぐために手段を選ばなくなっている。

彼ら逃亡実習生は自らを「ボドイ（兵士）」と称し、日本各地でこっそりコミュニティをつくっているという話が話題になったことがあるが、茨城でも同じだ。フックさんがある動画を見せてくれた。

「これ、近くのビニールハウスの中」

50人ほどだろうか。20代、30代と思われるベトナム人の男女が酒盛りの真っ最中であった。みいんなボドイ、逃げ出した元実習生だが、中にはクルマ泥棒とか、無免許運転で当て逃げしたままのやつも混じっているという。その割になんだか堂々としている。フックさんが笑

う。

「このすぐそば、警察署ある」

ボドイたちは警察上等なのか、そして警察は彼らの存在を知らないのだろうか。

「失踪したら、鉾田に行け」

やりたい放題ではあるのだが、一方で彼ら逃亡実習生は、地元の一部の日本人にとっては相変わらず「貴重な労働力」なんである。技能実習生という立場でもなく、日本の滞在期限をとっくに過ぎたオーバーステイだってたくさんいるのだが、それでもおかしなことに茨城の農村には仕事がある。雇っちゃう農家が多いのだ。浜田さんが言う。

「知ってますか。『失踪したら、鉾田に行け』って、ベトナム人の実習生たちの間で合言葉のように言われてるんです」

茨城県内でもとりわけ農業がさかんな鉾田などの地域では、逃亡実習生でもオーバーステイでも働き口がある。収穫や梱包、荷運びなどなど、農家の下支え的な仕事だ。技能実習生となんら変わらない作業なのだ。フックさんが笑う。

「私が働いてる農家、実習生もいる。私みたいなフホー（不法就労者）もいる」

ベトナム人というのは同じだが、かたや合法、かたやフホーの労働力が同居しちゃってるのである。

彼らフホーは、農家にとっては実はありがたい存在なのである。繁忙期だけ働かせることができるからだ。技能実習生の場合、基本的には3年間の契約で、当たり前だが雇用し続け

る必要がある。その間コストがかかる。しかしフホーは、この作物の収穫期だけとか、夏の間だけとか、そういう使い方ができる。法律なんか関係ないので時間も無視してガンガン働かせても、そのぶんキッチリ給料を払えばいい。もちろんアシのつかないニコニコ現金払いだ。

フホーのほうも「いつ捕まって国に返されるかわからない」ので、いまのうちに稼ごうと、危機感を持ってマジメに働くのである。だから農家のほうは、実習生よりもむしろフホーを大事にすることがある。

「フホーを粗末に扱ったら、逃げられて通報されますからね。それもあってフホーのほうが立場が強かったりします」（浜田さん）

実際、フックさんは月によっても違うが稼ぎはだいたい25万円前後。「30万円、40万円くらい稼いでるフホーもいるって聞いた」。実習生よりぜんぜん割がいいのだ。そして農家としては、フホーはフレキシブルで便利な働き手というわけだ。

なんとも奇妙な共生関係が成り立ってしまっているのだが、だから鉾田やその近辺の鹿行地域では、そこらへんの農家にも飛び込みでフホーがやってきて「なんか仕事ないですか」と笑顔で尋ねてきたりする。僕なんか鹿行地域の某所で、一面の畑の緑があまりに見事で思わずカメラを構え、そばで農作業をしていたおっちゃんに「写真撮っていいっすか？」と尋ねたら、

「いいけどよ、奥のほうで働いてんのフホーだから。カメラ構えたら逃げっかもな。ワハハハ」

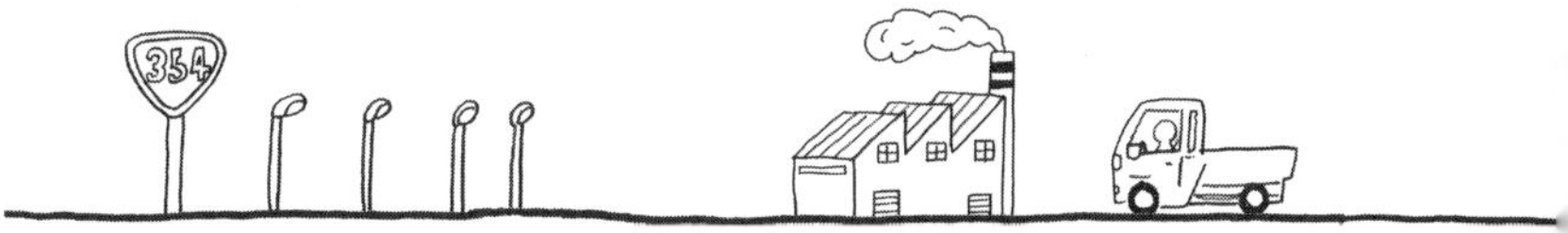

という返事でアゼンとしたことがある。それほどまでにフホーはカジュアルな存在となっているのだ。浜田さんの推測では、

「茨城の技能実習生は1万5000人ですが、フホーはそれよりたくさんいるかもしれない」

という。フホーにはベトナム人が多いが、ほかの国籍もいる。逃亡実習生もいれば、元留学生も、難民申請経由から移行した特定活動（→P141）の資格も切れた人もいる。そんな連中をひっくるめて「非合法な労働力」という意味で「フホー」と呼んでいる印象だ。

彼らはおもに北関東一円から流れてくる。ほかに働き場をなくした立場でも、鹿行地域の農村なら仕事があると考えている外国人は多い。水海道で大量リストラに遭った100人のネパール人たちの中にも、あるいはこのあたりで土にまみれている人がいるかもしれない。

そんなフホーが技能実習生とともに、茨城特産の野菜や果物をつくっている。東京都内のスーパーマーケットでは茨城産の品が実に多いが、そのうちけっこうな部分にフホーが携わっているのだろうか。

トイレ休憩もストップウォッチで測る

「10年以上前だと思うけど、このあたりはもともと中国人が多かったんだよ」

鹿行地域の農家、倉田順二さん（仮名）は言う。同じ技能実習生でも、ベトナムではなく中国の人々が「主戦力」だったそうだ。

「でも、中国はだんだん経済成長してってたでしょう。だから若いのが来ない。それに、扱い

や待遇が悪くて逃げちまうんだ」

　鹿行地域の中国人実習生については、残業代の未払いで裁判沙汰になったこともある。残業代が規定よりもはるかに安かったというものだ。2018年に下った判決では実習生側の訴えを認め、未払金の支払いを命じたが、これを受けて「そういや俺も」と残業代未払いを申し出る実習生が続発。だが農家の中には「安くてもいいから残業させてくれって頼まれたからだったのに、どうして」と、いまも疑問に思っている人もいる。

「中国は経済発展とともに労働意識も高まっていった。だからこういうことも起きる。それなら次は、なんの知恵もないやつがいい。それでベトナム人に移り変わっていったんです」

　しかし実習生への待遇は変わらず劣悪なところが目立った。前出の浜田さんが言う。

「問題があまりに多いことから、技能実習法が新しく制定されて、2017年に施行されたんです。その前は、人間扱いされていないような実習生もたくさんいました」

　技能実習法では暴行や脅迫といった人権侵害行為に対して罰則を設けたこともあったし、実習生の置かれた実情をクローズアップする報道も増え始めたことから、全国的にコンプライアンス意識は高まっていった。

「でも、このへんは昔のままなんだ」

　倉田さんが言う。

「最低賃金も雇用契約書も守らない。今月は半分休みでそのぶんは給料払いませんとか、それじゃ実習生だって生活できないでしょ」

　以前は「知恵」をつけさせないためにスマホを取り上げる農家もあった（現在は違法）。S

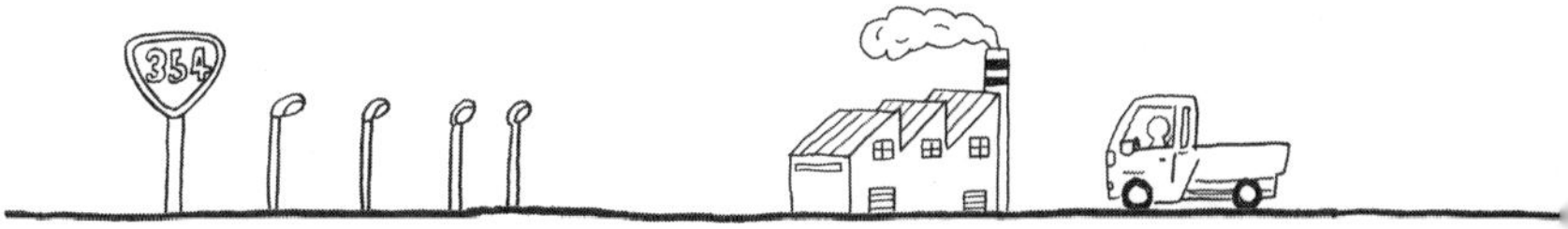

ＩＭカードを売っているエスニック食材店に農家から「やめてくれ」と抗議が来たりもした。それにいまも、実習生が日本語を学ぶことをよく思わない農家がある。言葉を覚えたらいろいろな情報を集められる。もっと待遇のいいところに逃げられるかもしれない。日本人に何か相談するかもしれない。それを恐れている。茨城でも外国人の増加を受けて、自治体や民間でいろいろな日本語教室が開かれているのだが、ここに実習生の姿はない。ある日本語教室の方は、

「オープンしたときに農家もだいぶ回ったんですが、いまのところ実習生は誰も来ません。農家のほうから『行くな』と言われている場合もあると聞きます。そんな暇があるなら働けと」とため息をつく。

フックさんが実習生として働いていたのは「体罰あり」の農家だった。ことあるごとに暴力を振るわれた。

「風邪ひいて熱があるのに、いちごのハウスで作業やらされた」

夏場のビニールハウスの内部は40度を超えることもあり、ほとんどサウナだ。熱があるのにそこに叩き込まれた。トイレに行くときも、ちょっと水を飲もうと手を休めたときも、農家のオヤジがすっ飛んできてストップウォッチで時間を測る。そのわずか数分のぶんを、給料から差っ引くのだ。なんともせせこましいのだが、「それは外国人だから、じゃない」と倉田さんが話す。

「日本人の働き手に対しても、そういうことをする。私は一時期、別の農家で働いてたことがあるんだけど、本当にしんどかった。就職しに来たわけで、奴隷になりに来たんじゃない

と思ったね」

僕は群馬で聞いた話を思い出していた。外国人を酷使するような工場は、日本人従業員にもきつく当たる。どうやら農家でも同じようなところがあるようだ。

ベトナム人実習生が、農地を守っている

それでも茨城県の農家で働くベトナム実習生は増え続けた。人手が足りないからだ。少子高齢化で働き手が老い、減っていく日本に、技能実習生という名の外国人労働力がどんどん供給されていく。とりわけベトナム側は国を挙げて「海外出稼ぎ」を奨励している。そのため送り出し機関という名の人材業者がはびこり、もう誰でもいいとばかりに片っ端から若者を日本に送り込んでくる。農家の倉田さんが説明する。

「送り出し機関にはベトナム人の日本語教師が雇われているんだよね。形ばかりだけど日本語のレッスンをしてから日本に送るという名目なので。この教師が、ほとんど営業マンみたいにどんどん勧誘してくる。いい話ばっかり吹き込んで。実習生を日本に送るたびにマージンがもらえるから」

送り出し機関そのものも手数料とか日本語の授業とか職業訓練などさまざまな名目で実習生志望者にお金を請求する。さらに教師のマージンも上乗せされて、出発前にすでに１００万円とか２００万円の借金を背負ってしまう。だから実習生はどうしたってお金にガメつくなるし、儲け話に飛びついてフホーになったりもする。そして悲しいことに送り出し機関の日本語教師は日本から帰国した元技能実習生ということが多く、たいして日本語を話せない。

そんなのに教わったところで語学力がつくわけもない。教師も送り出し機関も、「日本に送れば送るほど金になるから」人を集めているだけだ。

これは日本側も同様だ。実習生は毎月2万円とか3万円の「監理費」を徴収されている。このお金で組合や監理団体が運営されているのだが、そこに政治家が絡み、複雑に利権化している場合がある。やはり「人を入れれば入れるほど」儲かる仕組みになっている。

つまりベトナム人と日本人がうまいこと結託して、若いベトナム人の生き血を吸っているのだ。それが技能実習制度という名の人材ビジネスの実態だ。

受け入れ現場である工場や農家も、果たして本当に実習生が必要なのだろうかと、浜田さんは疑問に感じている。

「そんなに人が足りないなら、出荷数を減らしたらどうか、と話すこともあるんですが」

労働力の減少に伴って、経営規模をダウンサイジングさせていくことに抵抗があるようだ。それは個人農家や中小の工場だけでなく、日本全体に言えることなのかもしれない。時代が変わり働き手が減っても、以前のような業態を維持したい。しかし企業の体力は減っている。だから、より安い労働力が欲しい……。

かくして、さまざまな業界の皆さまの需要を満たす形で、ベトナム人の技能実習生があふれかえるようになった。それが顕著に表れているのが、昔から外国人労働者が多かった354沿線というわけだ。

で、「ひとりアタマなんぼ儲かるから」と人数だけにこだわって、「人材の質を問わない」スカウティングの結果、当然といえば当然なのだが、おかしな人たちも混じるようになる。

犯罪やケンカも増える。倉田さんが雇っていた実習生は、なんと仕事そっちのけでデイトレードにハマってしまったのだという。

「まわりの農家よりいい給料を払っていたんだけど、そのお金で投資を始めちゃって。それだけならいいけど、デイトレに手を出したんだよね」

こうなると、相場が気になって農作業どころではない。仕事をさぼるようになる。寮にしていた部屋の回線はほかの実習生とＷｉ－Ｆｉで共有していたのだが、それでは速度が遅いと自分でルーターを買ってきて、通信ジャックまでした。倉田さんが叱ると、次の日から「社長は厳しすぎる」と敵視され、入管に「社長が給料を払ってくれない」とウソの密告をされたりもした。

「盗難騒ぎを起こして、クビにした実習生もいた」

盗んだのはなんと、倉田さんの娘の机だった。解雇したことを逆恨みされて、ベトナム人に対する差別だと激怒されたりもした。「殺す」と言われたこともある。

「実習生に優しくしている農家もたくさんある。でもそうすると、あれもやってほしい、これも足りないと、どんどん要求が多くなってくる。つけあがって、農家のほうをナメるような態度を取るようなのもいる。それでキレて、実習生に厳しくあたるようになった農家もある」

それでも、大半のベトナム人はがんばっているのだと倉田さんは言う。

「このへんだと実習生もフホーも、ベトナム、中国、インドネシア、ネパール、フィリピン、カンボジア、スリランカといろいろだけど、しっかり働くのはベトナムと中国。真面目な子

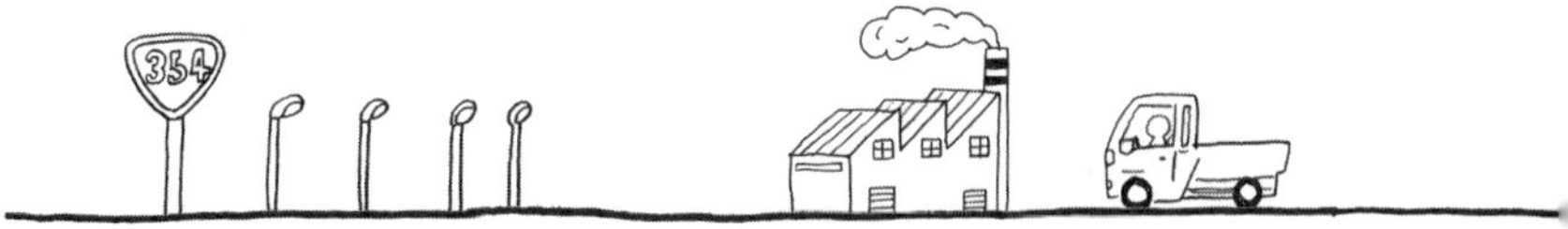

は本当に真面目。逆に、アタマが痛いのもやっぱりベトナムと中国なんだよね」

そう苦笑する。良くも悪くも活発で勤勉で、あらゆる人材が豊富ということなのだろうか。そんなベトナム人実習生なくしては、もはや成り立たない農家も茨城では増えてきているのだと倉田さんは言う。

「実習生に依存しすぎて、作業をなにもかも任せた結果、農業のノウハウがゼロになった農家もあるんだよな」

たとえばこんなケースだ。高齢の農家が、ベトナム人実習生を使ってどうにか家業を維持していたところに、後継ぎとして息子が帰ってくる。彼は農業をまったく知らない。親は年のせいもあって、うまくノウハウを伝えられない。そこで、ずっと仕事をしてきた実習生が活躍する。息子は実習生に頼り切り、実習生にむしろ指示されるようになる。

「自分がいまなにをやっているのか、実習生たちの作業の意味もよくわからないまま働いている〝2代目社長〟も、まわりにはいるよ」

彼ら実習生は、3年や5年といった期間で帰国するが、新しくやってきた実習生に先輩たちが指導して、農作業の方法を次の世代に伝えていく。そんなサイクルができあがっていく。結果として、日本人になんの知識もなくなってしまい、代々のベトナム人が農地を守っている農家もあるくらいなのだ。

「それならまだいいほうで、ろくに農業を知らない2代目に不満を募らせて、ベテランの実習生が働かなくなってる農家もある。代替わりのときも、やる気ないのに教わるからどんどん適当になる。だから実習生からも2代目からも技術が失われて、潰れた農家も見た」

倉田さんの話に、思わずため息が出た。これが農業王国・茨城の現実なのだろうか。

「不法就労を摘発したら、作物が作れなくなる」

こうした状況が続いていたところに、コロナ・パンデミックとなった。入国制限で技能実習生がまったく入ってこられなくなったのだ。困ったのは農家だ。いまの実習生が期限を迎えたら、次の働き手がいない。

だから、国内にいる外国人を活用しようという動きが広まっていく。技能実習を終えた後も「特定活動」などの在留資格で働けるようにしたり、「特定技能」という新しい枠組みの労働用の在留資格に切り替えていったり。それに難民申請をまるで「つなぎ」のように使って「特定活動」に移行させ、就労資格を得る、裏ワザのような方法もある。フホーでも構わず雇う農家も多い。茨城のみならず、３５４沿線の北関東では、あらゆる手を使ってコロナ禍でも安い外国人労働力を確保しようと躍起になったのだ。

その結果……「入管、もうこわくないって言うフホーばかり」と、フックさんは話す。不法就労の容疑で捕まっても、すぐに釈放されるのだという。入管では世界的な入国制限で帰国困難となった外国人があふれ、収容人数をオーバーしているとか、密を避けるためだとか、実習生が入国できない状況では地域の労働力として黙認せざるを得ないとか諸説あるが、いずれにせよ「取り締まりがゆるくなった」とフックさんは感じている。その空気が、茨城の農村で暮らすベトナム人たちに伝播していく。

「コロナになってから一気に犯罪がエスカレートしたよな」

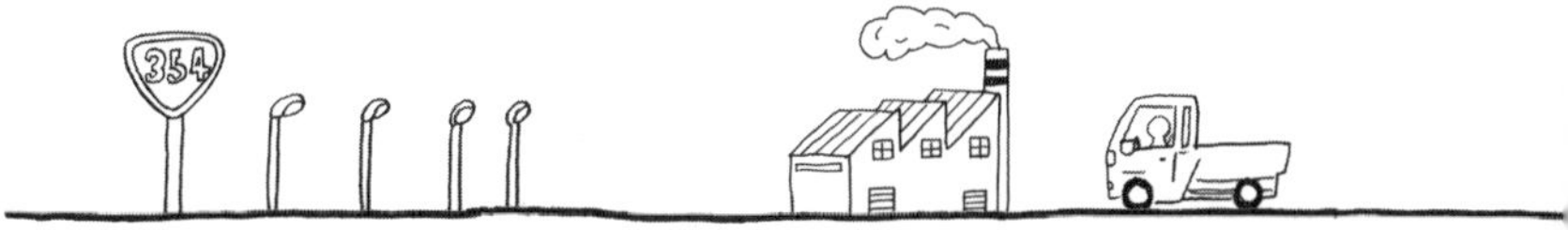

倉田さんが言う。盗難や無免許運転、コロナの給付金詐欺。一見するとカタギの食材店が儲けを申告せず地下銀行経由でベトナムに送り、脱税していることもある。ちゃんとした在留資格を持っている経営者同士でも、犯罪まがいの争いが激化しているそうだ。

「あるベトナムの店のまわりに似たような店を建てて潰そうとしたり、フェイスブックページをハッキングしたり。フィッシングメールを送り付けたり、悪評をネットで書き散らしたりね」

ちょっとしたサイバー戦争が北関東のベトナム人同士の間で戦われているのだ。こんなしょうもない事態になっている理由のひとつは、前述したようなわけで「さまざまな」人材が入ってきてしまっていること。それに、途上国ゆえの、上昇への渇望だろう。

「地道にやればいいのに、ベトナム人は常に最短距離を目指そうとする。すぐお金が入りそうなことに飛びつく」

長年、ベトナム人実習生やフホーと接してきた倉田さんが苦笑する。フックさんも同じようなことを話す。

「ベトナム人、なるべく早く、王様みたいになりたい」

とにかく上へ、いち早く前へ。これはたぶん、現代の日本人にはわからない感覚なのだろうと思う。

コロナ禍となってからおよそ3年。技能実習生の受け入れは2022年3月に再開された。常総で聞いたように、在留資格のあやふやな人たちは、正規の労働力である技能実習生に置き換わっていくのだろうか。今後茨城県の「ベトナム人勢力図」はどうなっていくのか。

「フホーに関しては、あまり変わらないだろう」

と浜田さんが言う。

「彼らの摘発に、入管はともかく警察が乗り気ではないと聞いています。茨城の農業を維持していくために、フホーが必要不可欠になってしまっているからです」

これは製造業でも聞いた話だった。倉田さんも頷く。

「あまり大々的に摘発すると、作物がつくれなくなっちゃうからね。国を挙げて食料自給率を上げていこうとしていて、茨城のような農業県にはだいぶ税金も突っ込んでる。だから大目に見ようという部分もある」

日本の農業は、こんな危ういバランスの上に成り立っているのである。

第九章　土浦・笠間　農村から聞こえるタイ演歌

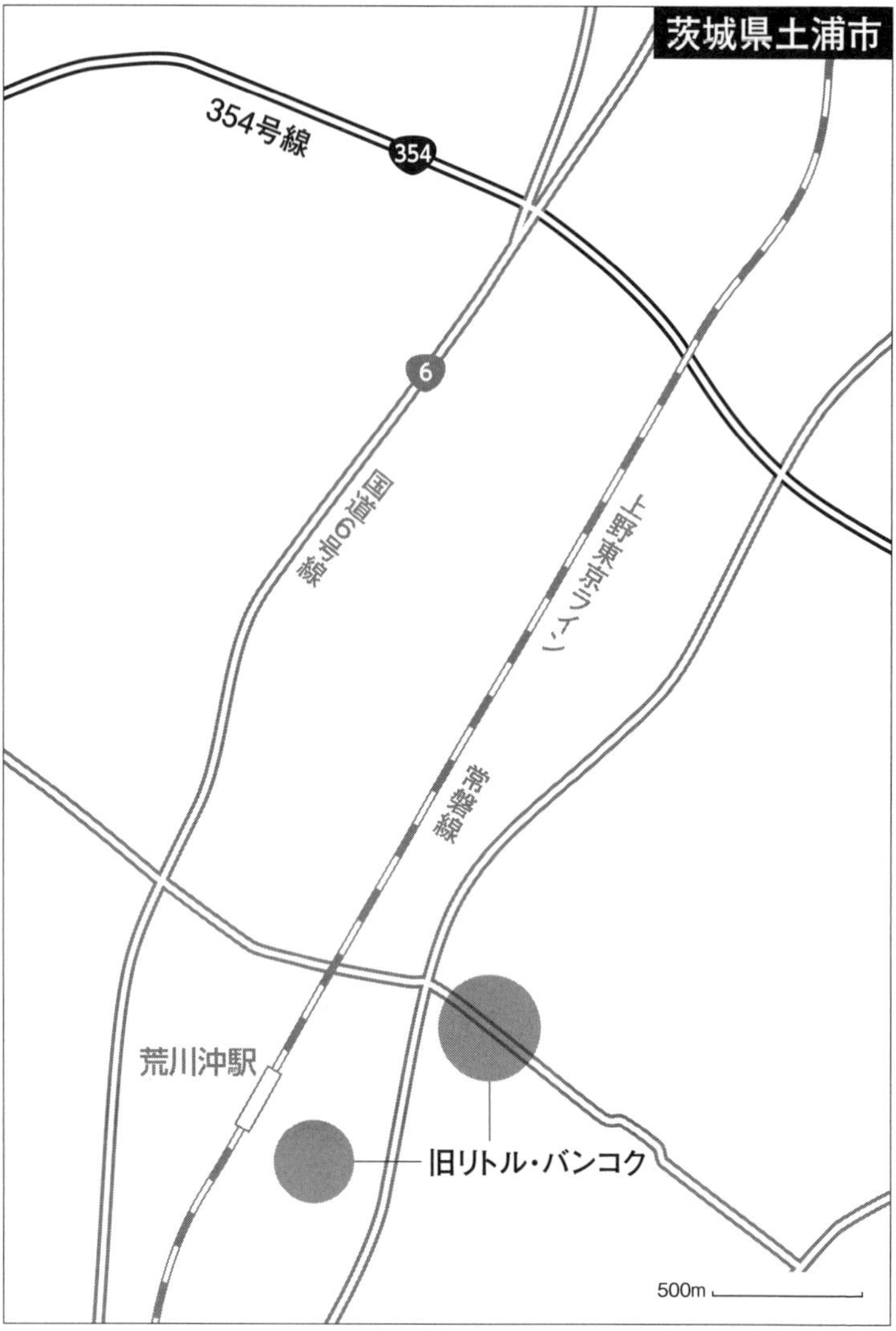
茨城県土浦市
354号線
354
6
国道6号線
上野東京ライン
常磐線
荒川沖駅
旧リトル・バンコク
500m

「リトル・バンコク」の面影を追って

茨城県を走っていると、ときどきタイの店を見かける。古めかしい民家や店舗を居抜きで使っているような佇まいで、くすんだタイ語の看板を掲げていて、いかにも年季が入っているが、入ってみると現地にワープしたような気分になる。ラマ9世の肖像画が見守り、仏教の祭事がマークされたタイ語のカレンダーがかかる店内には、タイの食材がところ狭しと並ぶ。タイ米や米麵、ナンプラーやココナツミルク、合わせ調味料やインスタント麵、タイのコンビニでもよく売っているお菓子。冷蔵庫にはレモングラスやマナオ（ライム）、パックブンやパッカナーなどのハーブや野菜、それに雷魚だとか、メンダー（タガメ）まで売っている店もある。鼻に突っ込むスースースティック「ヤードム」も定番だ。

そしてたいてい、タイ人のおばちゃん同士がのんびり世間話を交わしている。店主とお客だろう。タイ語で話しかけてみると、喜んで輪に入れてくれる。すぐに打ち解けられる気さくさと、店に流れる弛緩した空気、それは僕が長年慣れ親しんだタイそのものだ。懐かしく温かい気持ちに包まれるが、なぜ茨城にはこうした小さなタイコミュニティが点在しているのだろうか。

僕がここまで通過してきた古河や常総、下妻やつくばにもタイ人が根を下ろしている。しかし、どこもそう多い人数ではない。坂東にはタイ料理屋やタイマッサージ屋が点在していて、サタポン農園やタイ食材の卸業者もあり、比較的大きなコミュニティになっているが、それでも「リトル・バンコク」というほどの規模ではないだろう。タイ人は茨城県の各所に分散しているのだ。たいてい日本人と結婚したおばちゃんを中心に、その子供や孫たちがゆるやかにまとまって暮らす。しいて言えば、茨城全体が「リトル・タイランド」なのである。それもイサーン（タイ東北部）出身の人が多く、都内のタイ飯屋なんてメじゃないガチ系のイサーン料理も食べられるし、平野に田畑が広がる茨城ののどかな光景はイサーンによく似ている。だから僕は勝手に「茨城は日本のイサーンである」と常々言い回っているのだが、ではどうして、この県にタイ人が集まってくるようになったのだろう。

その源流ともいえる場所が、土浦なんである。なかでも市内の南端にある「荒川沖」だ。この小さな町がかつて、「リトル・バンコク」と呼ばれた時代があったのだ。

つくばから354を走り、土浦市に入ったら国道6号線を南へ。さらに東に折れ、JR常磐線の線路を越えた、その東側だ。荒川沖駅も含めた広い一帯に、夥《おびただ》しい数のタイの店が密集していたという。

「30年以上は前かな。ぜんぶ夜の店。スナックとかカラオケとかね。200軒、300軒はあったんじゃないかな」

プーパラー（沢ガニと魚の漬けもの）を加えたソムタムをつつきながら、妙な色気のあるおばちゃんが言う。チューレン（ニックネーム）はオイさん（58）、出身はイサーンのサコンナコン県だ。今は介護施設で働いている。荒川沖のとあるタイ料理店で、僕は彼女の話を聞いていた。

「あの頃の荒川沖はすごかったよ。タイ人いっぱい、ビザない人もいーっぱい（笑）」

タイ人女性が待つ、一大歓楽街だったのだ。

当時この街をよく取材していた、旅行作家の下川裕治《しもかわゆうじ》さん（68）は言う。

「僕が通っていたのは1990年代の前半ですよね。その頃すでにタイ人の街が形成されていました」

バブル崩壊後とはいえ、いまよりまだまだ景気は良い時代だ。茨城に点在するゴルフ場へ行った帰りに荒川沖のタイパブで飲む、なんてコースも定番だったという。バブル崩壊の荒波を食らって会社の経費を使えなくなったり、日本人のキャバクラで飲むにはふところが寂しくなった男たちが、安く遊べるタイやフィリピンの店に流れ込んできたこともあり、荒川沖もずいぶんと賑わったようだ。

その盛況ぶりを見て、今度はタイ人の男たちが荒川沖に大挙してきたと下川さんは言う。

「当時は関東一円に、工場や建設現場などで肉体労働者として働く出稼ぎのタイ人がいっぱいいたんです。やはりイサーンの人が多かった」

工場できつい仕事をするよりも、荒川沖には割のいい働き口があるらしい。それも同じタイ人相手の仕事だ。だったらそっちのほうがいいじゃないか……彼らは夜の店の下働きや、女の子の送迎をする白タク、レストランや送金屋、それに違法のバクチ場といった仕事をするようになる。こうして歓楽街を支える周辺産業というべきものが発達し、コミュニティは膨張し、いつしか荒川沖は「リトル・バンコク」と呼ばれるようになっていった。

ふしぎな街だったそうだ。一見すると、普通の日本の街並みだったと下川さんは振り返る。確かにタイのレストランやスナックは多い。でも、ネオンギラギラ、通りでギャルが手を振ってきたり客引きがまとわりついてくるような街ではなかったという。イリーガルな行為はアパートの一室や離れたホテルなどで行われていた。事情を知らない日本人からは「妙にタイ人の多いところだな」くらいの印象しか持たれなかったかもしれない。

どうして荒川沖だったのか。それには諸説ある。土浦自体がもともと茨城県内では有数の歓楽街を抱え、夜の店の運営に通じる人々が多かったであろうこと。その土浦の中でも荒川沖は郊外で家賃が安いこと。タイ人を手引きする日本人のブローカーが、荒川沖を根城にしていたからともいわれる。

ともかく荒川沖には、夜の店で働くためのタイ人女性が続々と流入していったのだ。とくにタイの中でも経済的に立ち遅れたイサーンや、北部の人々が多かった。

それにフィリピン人女性も大挙してきた。茨城県のあちこちにアジア人女性が働く夜の店ができ、どこも大盛況だったという。「亀仙人街」では行列すらできたという話も聞いた。

高度経済成長期からバブル期にかけて、日本に出稼ぎにやってきた外国人は男たちだけでなかったのだ。女たちもまた、どうにか稼ごうと海を渡ってきた。そして、南国のおおらかさと優しさで、日本の男たちを癒してきたのだ。観光ビザで入国しそのまま働く不法就労者や、滞在が許可された期間をとっくに超えているオーバーステイも山のようにいたというし、ダマしダマされの男女の悲喜劇は数え切れないほどあったろうが、彼女たちも間違いなく、日本の労働環境を下支えした存在であったと思う。

「でもね、あの頃そこの道は日本人から『エイズ街道』って呼ばれてた」

近くを走る県道203号線を見ながら、オイさんは言う。感染症やクスリや酒に蝕まれる女性もいたそうだ。単なるウエイトレスと聞いていたのに、荒川沖に着いてみれば売春を強要され、逃げ出したり精神を病むような人も多かった。日本渡航の際にブローカーに何百万円という借金をしてくるのも定番だった。

「たくさん仕事して、あーっという間に借金を返しちゃう子もいれば、返せなくて困ってる子もいた」

そうオイさんは言う。負の面を抱えながらも、それでもこの街には「救い」もあった。ふだんはきつい工場労働をしているタイ人が、たまの休日に荒川沖に遊びに行くことを楽しみにしたり、同郷の人たちと再会する場でもあった。当初は日本人向けの売春の街だったかもしれないが、だんだんとタイ人労働者向けの食堂やカラオケなども増えていったのだ。異国で働くタイ人、それもイサーンの人々が、故郷の味を肴にひととき憂さを晴らす場所にもなっていった。荒川沖に遊びに来るタイ人に向けて、駅前でタイ人用クラブかなにかタイ語のチラシを配るタイ人すらいたそうだ。

「出稼ぎタイ人の〝解放区〟だったかもしれない」

と下川さんは振り返るが、そんな時代が唐突に終わりを迎える。1995年くらいのことだという。あまりの無法ぶりに警察が腰を上げたのだ。たびたび大規模な取り締まりが行われ、タイ人たちは摘発されていった。

「バスが何台も来てね、そのへんの店のタイ人をいっせいに捕まえたのも見たよ」

オイさんは昨日のことのように話す。こうして束の間の夜の夢、「リトル・バンコク」は壊滅した。ほとんどのタイ人は帰国したという。いまでは、面影はわずかばかりだ。駅の周辺、県道203号と県道25号線に沿って、タイレストランがちらほら並んでいる程度。いまもスナックなどの飲み屋は残っているけれど、昔のように売春に直結するようなところはないようだ。

ちなみに「荒川沖」という地名ではあるが、近くに荒川が流れているワケではない。この地域は、乙戸《おっと》川や南に位置する牛久沼がよく氾濫することから「荒れた川のある野」すなわち「荒川野」と呼ばれており、そこを見渡す沖（広く開けた場所、の意）のあたりが「荒川沖」という名になっていったそうな。

茨城に溶けこんでいったタイ人たち

そんな荒川沖はすっかり静かになったが、タイ人は全員が帰国したわけではない。日本人と結婚するなどして、正規の在留資格を得て、日本に腰を落ち着けたタイ人もまた、たくさんいるのだ。オイさんもそのひとりだ。そして土浦だけでなく、坂東や古河や常総や下妻など、茨城県各地に散って、コミュニティをつくっていった。それはおそらく、配偶者の日本人男性が暮らす街だったのだろう。あるいは、大規模摘発の苦い思い出がある荒川沖を避けたいという気持ちもあったのかもしれない。

彼女たちはやがて子供を産み、日本の生活にすっかりなじみ、30年前とは違いカタギの仕事に精を出している。オイさんのように介護施設で働いたり、収穫期に農家でアルバイトするタイ人女性も多い。食品加工の工場でも、タイ人女性は貴重な戦力だ。レストランや食材店を営む人もいる。

「すっかり年取っちゃったから、前みたいな仕事はもうできないよ」

そう笑うが、いまも昔も日本社会の中で働き続けているのだ。たくましくしなやかなタイ人は、どんな土地でもうまく根づき、そこの人たちと折り合っていけるし、日本人との親和性はとりわけ高いと僕は思う。なんとなく気が合う、わかりあえるところがある。

「日本人とタイ人、思いやりと感謝の気持ちが似ているね。相性がいい」

オイさんも頷く。だからほかの地域ではありがちな地元日本人との軋轢はほとんど聞かない。お互いに親しみやすいのだ。そうしてオイさんも気がつけば30年以上、この国で生活を紡いできた。

「いまはひとりもんです。日本人のダンナはだいぶ前に亡くなっちゃったの。ガンでね。上の娘はタイの日系企業で通訳やってる。結婚して孫もいる。下の娘は東京の専門学校だよ」

そして自分ひとり、この異国で日本人の老人を介護しながら暮らす。ときおり友達の営むスナックを手伝うこともある。先々はどうするつもりなのか、タイに帰るのだろうか。聞いてみると、ちょっと考えてからオイさんは言った。

「ダンナがガンになったとき、タイで治療することも考えたの。でも、向こうだといい病院に入るのに何千万円もかかる。日本だったら、稼ぎが少なくても病院は診てくれるし、保険の制度もしっかりしてる」

だから年を取っても、タイには帰らず引き続き日本での生活を選ぶタイ人が、オイさんのまわりには多いそうだ。荒川沖時代はともかく、それ以降はずっと日本で働き、納税してきたのだから当然の権利だろう。向こうの家族が亡くなっていて、身寄りがなければなおさらだ。

「下の娘は美容師になりたいんだって。だから学校のお金は出してやりたいの。そのためにもまだ日本で働かなくちゃね。でもそれが終わったら、少しゆっくりしようかな」

そう話すオイさんだが、30年以上も暮らしていればこの国に言いたいことのひとつやふたつあるようで、センソム（タイのラム酒）の勢いもあってか僕よりも早口の日本語がばんばん飛び出してくる。

「このへんも少子化で日本人が減った代わりに外国人の労働者がー、ってアンタ言うけど違うよ。いまだって日本人の若い人はいるの。でも働かないの。うちのまわりも昼からぶらぶらしてる日本人の若いのいっぱいいるよ。働けって」

とまくし立てたかと思ったら「茨城県はこんど、ガパオを売り出すんだって？」と問い質《ただ》してくる。これはおもに鶏肉や豚肉をガパオ（ホーリーバジル）で炒めたタイ料理で、ご飯にかけて食べるのだが、どういうわけか茨城は県を挙げてこのガパオをアピールしはじめたのだ。

「私もウェブサイト見たよ、でもどういうこと？　レシピにガパオ入ってないの！　茨城のレンコンとか、水戸の干し納豆とか使ってアレンジしてるの別にいいよ。美味しいと思う。でもガパオ入ってないのに、なんでガパオって言うかなあ！」

きっと企画を考えた人たちはガパオがホーリーバジルを意味することを知らないのだろう。ガパオのさわやかな香りがこの料理のキモなのだが、タイのソウルフードを誤解されてしまっていることにオイさんは憤る。

「でもオイさん、タイにもへんな寿司とか、回転しゃぶしゃぶとか、おかしな日本食いっぱいあるじゃん」

思わず反論すると、僕にも火の粉が飛んできた。

「そういえばアンタ結婚もしてない子供もいないって、なにやってんの。日本人は先のこと考えすぎなの。いろんなこと考えてたらなにもできないよ!」

外国人に独身で子供もいないことを問い詰められるのは、もはやお決まりのネタのようになってきた。それほどまでに日本人の非婚化を外国人は奇妙に感じているのだが、あなた方も含めたこの多様化の時代、大目に見てはくれまいか……とも思う。

それにしても、オイさんの日本語力には唸る。日本語学校には行っていない。独学と持って生まれたコミュ力でここまで伸ばしたのだ。

「それに、ダンナが厳しくてね。農家だったんだけど、結婚したばかりでまだ日本語あまり話せないときから、電話に出させられたり、役所の手続きやらされたり」

そうやって日本で揉まれ、30年の間いろいろなことはあったが「住めば都だよ」と、ことわざを使って表現する。

「私はね、日本に来て、いい人とばかり出会ったと思うよ。きっとここで、人生終わると思う」

故郷のイサーンよりも長く住んだ茨城で、オイさんの年は寄っていく。そしていまでは、茨城県各地に散っていった人々のもとに、第2世代ともいえるタイ人が集まるようになってきた。留学生だったり、数は少ないが技能実習生もいるし、親戚を頼って働きに来る人もいる。昔と違ってみんなカタギなんである。そして世代を重ね、すっかり茨城の土地に根づいていったのだ。

彼らは協力してお金を集め、故郷のような寺院を建てて、コミュニティの核とするようにもなった。そのひとつが、笠間市にある。354からはやや離れるが、見に行ってみよう。

茨城の農村にタイ寺院

雑木林と田畑と、ささやかな農村が広がる茨城県中部の笠間市。まさに日本の原風景といった光景の中に、唐突に「タイ」が現れる。

平屋の建物の中からするするとオレンジ色の絨毯が伸び、そこにこれもオレンジ色の袈裟《けさ》をまとったタイ僧の列が現れる。すかさずタイ人たちが歩み寄り、手にした飲み物や食べ物、日用品などを、僧が持っている鉢に入れていく。そして手を合わせ、祈りを捧げる。托鉢《たくはつ》だ。敬虔なるテーラワーダ仏教（上座部仏教）の徒、タイ人がとりわけ大事にする儀式である。こうして僧に寄進することで徳を積む。タンブン（喜捨）といって、より良い来世につながるとされる。

ここはタイ寺院、ワット・メッタダムだ。2019年に開基されて以来、北関東に住むタイ人たちの心の拠り所になっている。このあたりでは筑西《ちくせい》と成田にもタイ寺院があるが、茨城や千葉に住むタイ人の多さが窺える。

タイ人の暮らしに寺院は欠かせない。タイでは単に祈りの場というだけでなく、近所の人がなんやかやと集まる社交場だ。祭りが行われるのも、災害などが起きれば支援の拠点となるのも寺院だ。学校と併設のところもある。公教育の現場に地元の僧が参加し、日本でいう道徳の授業を受け持ったりもする。だから当然、日本に生きるタイ人たちにも寺院が必要なのだ。

この日は、ワット・メッタダムが一部を改装したという記念の儀式にして祭りだった。地鎮

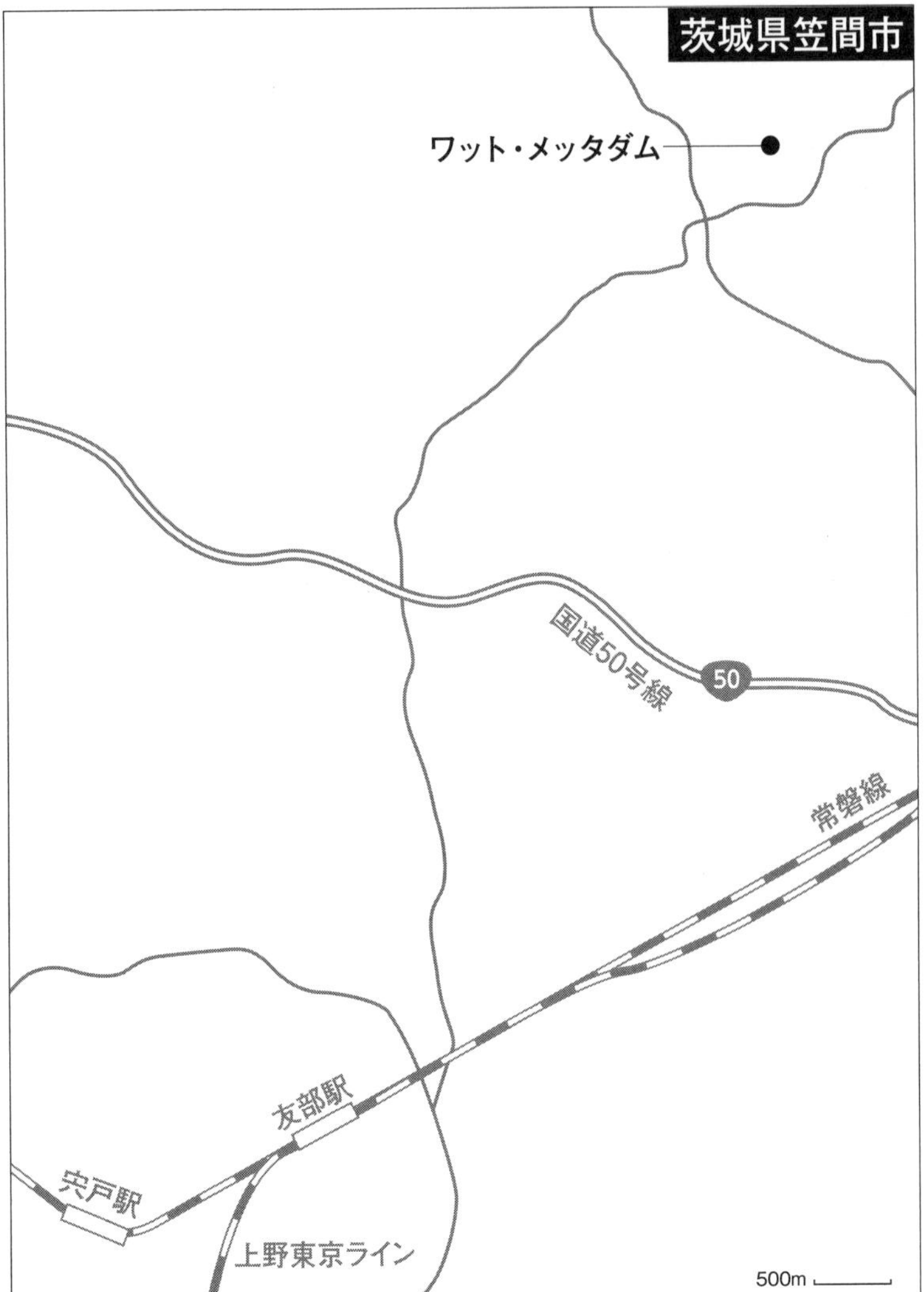

茨城県笠間市
ワット・メッタダム
国道50号線
50
常磐線
友部駅
宍戸駅
上野東京ライン
500m

祭的なものだろうか。ほかのタイ寺院からもタイ僧が集まり、お経を読み、寺院と人々の安寧を祈る。

そしてここぞとばかりにタイ人たちがピックアップトラックやワゴンで集まり、即席の店をいくつもつくって、タイ料理やスイーツやタイの雑貨を並べる。ほとんど現地タイの屋台街なのだが、これはすべて無料だ。こうして来客に振る舞うこともまた、タンブンなのである。茨城ではよく知られたタイ料理店がブースを出していたりもする。もちろん日本人だって異教徒だって大歓迎なのがタイの寺、屋台の前を通りかかれば「チャンカー（どうですかあ）」と笑顔でサイウア（タイ北部風のソーセージ）やソムタムを勧められる。具沢山のカノムチン（タイ風そうめん）をいただき、食べていると、おばちゃんから日本語で話しかけられた。

「今日はどこから来てるの？」

東京から遊びに来たんです、とタイ語で返すとぱっと笑顔になり、「私は筑西。あっちにもお寺あるけど、こっちもよく来るの」と話す。イサーンのロイエット県出身だ。

「ダンナが日本人だったんだけど、もう亡くなっちゃってね。いまは栃木の小山の工場で働いてるの。１００円ショップで売ってる品物を梱包するんだ。ハケン会社で見っけた仕事」

そう言いながらも「こっちのトートマンプラー（タイ風のさつま揚げ）もうまいよ」と差し出してくれる。

筑西のあたりだと、食品加工で働くタイ人が多く、そっちのほうが時給がいいからと誘われたこともあるのだが、「メンドクサイ！　服着て帽子かぶって、どこに出るにも入るにも消毒して着替えてまた消毒して」と、いまの職場のほうが気楽でいいのだと笑う。

「娘ふたりはタイにいる。日本には観光で来るだけだね。私はひとりでサバーイサバーイ（気楽）だよ」

なんて言い残して、一緒に来たのだという友達のところに合流していった。

日本人男性とタイ人女性のカップルも何組かいて、ブースを出していた。水戸から来たという男性は、「今日はヨメが店を出してタンブンしたいって言うもんで」と、ハーブを使ったタイのジュースを出していた。「といっても出費はぜんぶ自分なんで、きついんですけど（笑）。でも楽しいっすよ！」と満面の笑みだ。

そこにぱしゃぱしゃと水がかけられる。僧侶が祝福の聖水を撒いているのだ。タイ人も日本人もひざまずいて手を合わせ、ありがたいシャワーをいただく。

そして陽気なルークトゥン（タイ演歌）がかかったかと思うと、ハデなラメ衣装をまとったおじさんがタイ語でマイクパフォーマンスを開始する。

「今日はあちこちから集まってくれてありがとう！　みんなの善意の協力によってこの祭りができるんだぜ！」

とかなんとか吠えると、音楽のボルテージが上がり、タイ人たちが踊り出す。

「常総から来てくれたナントカさん、1万円の寄付ありがとう！」

「ナントカさんもミネラルウォーターをたくさん持ってきてくれたぜ！」

なんて司会のおじさんが叫ぶ。ややロコツなようだが日本も神社や寺の祭りのときに地元の人の寄進の額が境内に張り出されたりするから、まあ似たようなノリだろう。それにタイも日本と同じように寺がお祭りの場でもある。踊りに合流する人はどんどん増え、輪になって回り出す。もはやここはイサーンだ。

やがて踊り疲れた人たちがバラけていったところで、見事な仕切りを見せてくれた司会のおじさんに話しかけてみた。

「いつもは小山にいるんだよ。タイレストランをやってる」

今日は店を営む家族と一緒にやってきて、本人は司会、家族は屋台を出して大忙しだ。この旅でも印象的だった栃木県の小山だが、パキスタン人のほかにもタイ人がそこそこ住んでいるそうだ。工場で働く人が多いのだという。

「こういうイベントがあると、いつも呼ばれて司会やってる」

と照れつつ教えてくれた。なるほど慣れているわけだ。タイ人社会のちょっとした有名人のようで、ほかのおばちゃんから「あら～久しぶり」「私のこと覚えてる?」なんて声もかかるのだった。

僕も束の間タイに戻ったかのような気分に包まれたのだが、近所の日本人らしき人々もちらほらと顔を出していた。シルバーカーを押したおばあちゃんもやってきた。すかさずタイ人が何人も駆け寄り、身体を支えたり、荷台にぽいぽいタイのお菓子やもち米を入れたりする。おばあちゃんは、

「すぐそこに住んでんだ。いつもここの坊さんがこのへんよく歩いてっから、話してんだ。でもここに来るのはちょっと恥ずかしくて、初めてでよ」

なんて教えてくれた。そう、ワット・メッタダムの住職カンタソンバット・ハラハマ・シャンウェイ僧(46)はあまり日本語がわからないにも拘わらず、近くを歩き回り、あいさつをし、

カタコトながらも笑顔で気さくに会話を交わす。その人柄か、周囲の日本人とも次第に打ち解け、いまでは近所の農家が収穫物を寄進にやってきたりもする。

なんといっても外国人の寺なんである。同じ仏教とはいっても、いったいそこで何事が行われているのか、警戒する日本人だっている。ましてや保守的な農村となればなおさらだ。そこへカンタソンバット僧が袈裟を着て飛び込み、交流を重ね、信用してもらうまでになったのだ。

そしてもうひとり、この寺院を運営している女性インディス・パンニさん(55)も、こうして催しがあるたびに前もって近所を一軒一軒あいさつに回る。たくさんタイ人が来ること、もしかしたら騒音が出てしまうかもしれないこと、それにおいしいタイ料理があるからぜひ遊びに来てほしいと伝え、頭を下げる。

「彼女の努力あってこそだと思います」

インディスさんの長年の友人であり、やはりこの寺の建立から運営まで協力している篠塚智明さん(65)は言う。

「もともとは水戸にあった寺なんです」

タイマッサージの店を営むインディスさんが中心となって、タイ人の多い水戸で平屋を借りて寺にしたそうだ。しかし、なにせ市街地だ。駐車場の問題もあり、あまり人が集まれないし、祭りもできない。そこで、インディスさんのマッサージ店のお客だったことから仲良くなった篠塚さんが方々を走り回り、見つけてきたのが笠間の土地だった。

「水戸からも、タイ人の多い筑西や栃木からも近いし、値段も安かったんです」

とはいえ不動産を買ってしまうのだからたいへんな出費ではあるが、そこを仲間同士のタンブンでどうにかしてしまうのがタイ人だ。何十万円と寄進する人も、なけなしの数千円を差し出す人もさまざまだが、善意を持ち寄り新しい寺院を開いた。インディスさんの昔からの知り合いだったカンタソンバット僧を北部チェンライから呼んで「宗教ビザ」を取得し、それから近所をふたりであいさつして回った。

「茨城県でも、このあたりは外国人がいない地域ですから、最初はたいへんでした」

なかなか理解はされなかった。外国人があまり歩き回るのはやめてほしいと言われたりもした。それでも、仏教の教えのもとにお互い協力しあう場所だと丹念に説明をした。そして開基以来の最初の祭りに、近所の人たちを招いたのだ。

「この儀式はどんな意味なのとか、タイ料理も意外においしいと興味を持ってもらえて、喜んでもらえたんです」

タイの祭りの、陽気だがのどかで緩やかな空気は、どこか日本の田舎に似ている。そこに相通じるものを感じたのではないだろうか。地域でいちばんのうるさ型だった人が、いまでは結果的にいちばんの協力者となってくれて、祭りのときは駐車場を提供してくれるそうだ。それに畑も貸してくれて、そこでタイ人たちがパクチーなどタイの野菜やハーブをつくり、まわりにおすそわけしたりもする。さらにふたりは人がたくさん来そうな祭りや法事のときは、市役所や警察にも出向き、前もって説明をしておく……。

聞いているだけでもたいへんだが、こういうことが必要なのだ。よそものが土地に馴染んでいくためには、地元の人たちと分かり合わなくてはならない。そこをワット・メッタダムは、インディスさんと篠塚さん、カンタソンバット僧をはじめとした人たちの努力でうまく乗り越えてきた。

しかし一方で、茨城県のみならず北関東には外国人が営む寺院やモスクや教会がたくさんあるが、どれだけ近所の日本人とつきあいがあるだろうか。なんの交流もないところもあるし、そういう宗教施設では祭りやイベントがあれば日本人から苦情や警察への通報が殺到する。そのたびにお互い嫌な思いをする。これを「日本人の狭量さ、差別心」と僕は言いたくない。どの国のどんな民族でも、異なる文化が生活圏にやってきたら戸惑うのは無理からぬ反応だと思うのだ。だからまず、新参のほうから先達《せんだつ》にあいさつをし、仁義を切るのが宗教を超えた「道」というものだろう。ワット・メッタダムのように、そのあたりをどうかうまくやってほしいと思う。

第十章　鉾田　エスニック国道の果てに

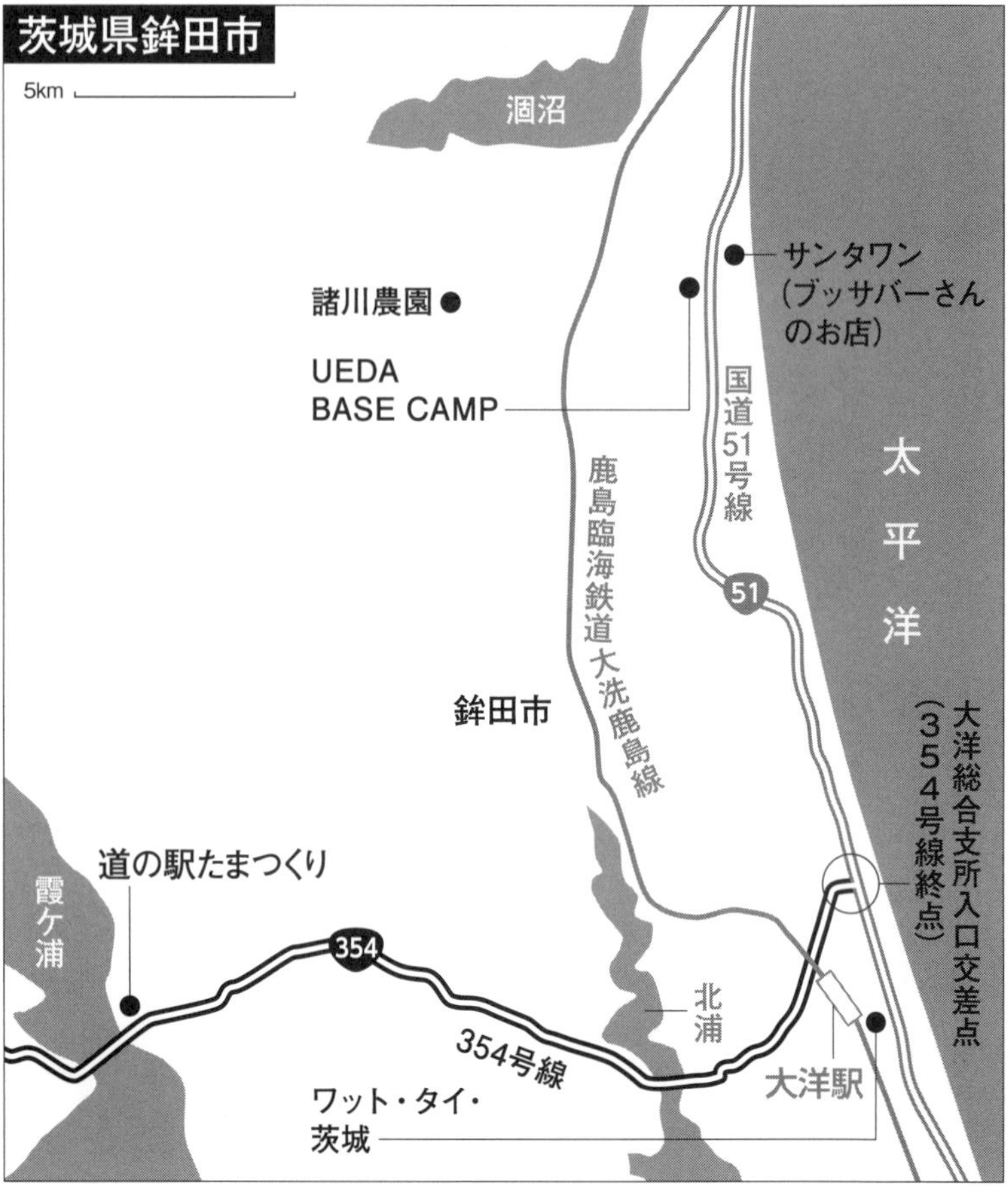

茨城県鉾田市
5km
涸沼
サンタワン
(ブッサバーさんのお店)
諸川農園
UEDA BASE CAMP
国道51号線
鹿島臨海鉄道大洗鹿島線
太平洋
51
鉾田市
大洋総合支所入口交差点
(354号線終点)
道の駅たまつくり
霞ケ浦
354
北浦
354号線
大洋駅
ワット・タイ・茨城

旅のゴールは太平洋

土浦市の郊外に広がる見事なレンコン畑を見ながらクルマを走らせる。水が張られた圃場《ほじょう》での作業がなかなかしんどく、日本人の後継者が少ないので外国人の技能実習生が多いのだ、と倉田さんに聞いたことを思い出す。

そして３５４は、霞ケ浦の懐へと入っていく。琵琶湖に次いで日本で2番目に大きな湖だ。その豊かな水を利用した農業が周辺ではさかんで、これまでの行程以上にグッと田畑が増えた感じがある。実にのどかだ。あちこちに直売所があって地域の産品が売られているが、僕は霞ケ浦大橋を渡った先にある「道の駅たまつくり」に寄ってみた。スイカやトマト、キュウリ、メロンなど、夏の恵みが山盛りだ。霞ケ浦の鯉やワカサギを使った加工品もいろいろある。すぐそばのデッキからは霞ケ浦が見晴らせて実に気持ちがいい。サイクリストや家族連れのドライブといった人々で賑わっているのだが、こうした場所で外国人労働者を見ることはない。観光客もおそらくは、外国人が並んでいる商品の生産に大きく関わっていることをほとんど知らないのではないだろうか。

ここから先は民家が減り、農地と森と、低い山との合間を縫うように、片側一車線の３５４が東に続いていく。やがて見えてくる湖は北浦だ。これも霞ケ浦の一部らしい。その北浦にかかる鹿行大橋を渡り、鉾田市に入って5キロほど走ると……道は突き当たった。国道51号線が南北に伸び、354はそこに吸い込まれるように消えていた。「大洋総合支所入口交差点」、この三叉路が354の果てだった。群馬県の高崎駅前からおよそ200キロ。とうとう僕は旅の終着地点にたどりついたのだ。

この交差点の東はもう、太平洋だ。51号からゆるやかに下っていく狭い道をとろとろ走っていくと、水平線が見えてきた。クルマを降りて、砂浜を歩いてみる。ちらほらと人影が見えるが、海水浴客はほとんどおらず、静かだ。打ち寄せる波音と、吹き渡る風の音だけが聞こえてくる。海を見ていると、感慨が湧いてくる。

「着いた……」

やっぱり嬉しい。僕はエスニック国道354を制覇したのだ。

北関東最大級のエスニック食材店

旅のゴールである鉾田市だが、前述のように農業に従事する外国人がたくさん暮らす土地でもある。彼らが集まってくる場所のひとつがアジア総合食材店「UEDA BASE CAMP」だ。51号線を北に、大洗方面へと走っていくと、タイ、ベトナム、インドネシア、バングラデシュ……アジアの国の国旗がはためいているのが見えてくる。

日曜だからか、すでにお客で賑わっている。仲間同士連れだって自転車でやってきた外国人たちが、ショッピングカートを押して続々と店内に吸い込まれていく。僕も彼らに釣られて中に入ってみると、思わず声が漏れた。

「広い！」

エスニック食材店といえば10畳程度の狭い店ばかりだし、広くてもせいぜいコンビニくらいだ。ところが「UEDA　BASE　CAMP」は僕の自宅の近所にあるコープと同じくらい大きい。まさにスーパーマーケットという感じで、これほど大規模な店はなかなかない。大泉のブラジルスーパー「TAKARA」よりもさらに広い。

商品も多岐にわたる。アジア各国のスパイスや調味料、雑貨、米やスナック、それに茨城各地で生産された南国の新鮮な野菜やハーブも並ぶ。いろいろな言語のポップが躍る。

「だいたい1万品目くらいありますかね」

と、代表取締役の植田尚弘さん（51）が話す。とりわけよく売れるのは肉だというが、どれもサイズのでっかいカタマリが中心だ。

「自分たちで好きなサイズにカットして使いたいみたいですね」

それに東南アジアでは肉は煮込みに使うことが多い。だからスライスよりもこういうブロックのほうが需要がある。そしてなんといっても安いのだ。丸鶏なんかたったの500円なんである。これは週1000個くらい出るという。

「お客さんは技能実習生が多いんで、なるべく食費を抑えられるような値段設定にはしています」

そのおかげか、実習生たちは仲間とわいわい話しながら、カートをてんこ盛りにしている。買い物は休日のちょっとした息抜きなのだろう。なんとも楽しそうだ。先ほどの道の駅は日本人で賑わっていたが、こちらは外国人ばかり。同じ地域でも世界がまったく違うのだ。

茨城東南部のこの地域に外国人が増えたきっかけは、

「アントラーズじゃないかなあ」

と植田さんは言う。ここ鉾田市や鹿嶋市などをホームタウンとするプロサッカークラブ、鹿島アントラーズのことだ。1993年にJリーグが開幕したときから加盟しているチームだが、その当時ジーコやアルシンドなどブラジル人選手が所属し、大活躍したことが話題になった。

「それから、このへんにもブラジル人が増えたんですよ」

1989年の入管法改正によって日系ブラジル人労働者は大泉や伊勢崎、常総あたりで働くようになったが、その一部は鹿嶋の工業地帯にもやってきた。「どうせ働くなら、ブラジル人選手ががんばっているアントラーズのホームタウンで」という思いもあったようだ。やはりこの街でも、多国籍化の土壌となったのは日系ブラジル人たちだったのだ。そこに夜の商売や出稼ぎのタイ人やフィリピン人、農家に雇われた中国人の技能実習生が増えていく。鹿嶋の工場だけでなく、鉾田の農村でも外国人が暮らすようになる。

「その頃、うちは酒屋だったんですよ」

祖母の代から続く店だった。しかし大手チェーン店が、とくに地方ではハバを利かせる時代だ。個人で酒屋をやっていくのもなかなか難しい。

「親父の代でやめるつもりだったんですが」

植田さんが後を継ぎ、思い切って外国人向けのスーパーマーケットに商売替えしてみることにした。15年ほど前のことだ。エスニック食材店がいまよりずっと少なかったこともあって、植田さんの読みは当たった。

「駐車場に自転車が停まりきれないくらい、中国人が来たんです」

鉾田の畑や養豚場などで働く中国人の生活を支える店として、おおいに繁盛した。その後は中国人の減少とベトナム人の増加を受けて、今度はベトナム食材を供給。さらにインドネシアやスリランカなどほかのアジア勢も増えてくると、それぞれに対応したものを並べる。ハラル食品も扱う。こうしてアジア総合スーパーになっていったのだ。

スタッフの皆さんも多様だ。レジを打っているのは植田さんのお母さんはじめ日本人のおばちゃんたちだが、その中にタイ人やインドネシア人の女性も混じる。

「どんな商品が売れ筋なのか、彼女たちのほうがわかりますからね。それに卸の会社が外国人経営のところだと、その対応も任せられるので」

なかなかの多国籍企業なのだ。

鉾田周辺には、ほかにアジア系の食材店もぽつぽつと出てきたが、それも競合というよりは補完し合うような間柄だという。

「お互いの店で商品を仕入れたり、卸から買うのも大量のほうが安いから、声をかけ合って一緒に注文したりね」

実習生やフホーをめぐっていろいろな問題が重なる鉾田ではあるが、植田さんのように、外国人とうまく折り合い、商売相手として共存していこうという日本人もいる。

「みんなで仲良く楽しくやれればってのがいちばんですけど、突き詰めちゃうと合わないところも出てきちゃうじゃないですか。そこは適当な感じでつきあえばいいと思うんですよね」

適当といっても「イイカゲン」のほうではなく「適度な距離感」なのだと植田さんは言う。日本人も外国人も、経営者も労働者も、互いに立場や主張にあまりこだわらず、折れるところは折れて、適当なゆるやかさで関係をつくっていけばいい。結局は、人づきあいということなのだろう。

ベトナム野菜というブルーオーシャン

地域に増えていく外国人を「マーケット」と捉え、商売相手としてうまくやっていければ……植田さんと同じように考える日本人も、354沿線には出てきている。鉾田市の諸川《もろかわ》農園もそのひとつだ。

「これがラロットですね。ベトナムでは定番の野菜です」

日本人の社長が言う。どこか大葉にも似た葉が、ビニールハウスいっぱいにわさわさと育っている。これでひき肉を巻き、焼いて食べる料理が人気なのだとか。そのラロットの茂みの中に座り込み、ベトナム人の妻が葉を愛でている。ここは日越夫妻が、ベトナムをはじめとしたアジアの野菜やハーブを生産する農園なのだ。パクチーや、同じセリ科の一種パクチーファランやパクチーラオ（ディル）、空心菜……。

「これはツボクサ。日本では雑草なんだけど、ベトナム人は香り高く育てて食べるんです」

こうした南国の恵みを育てるハウスが、広大な敷地におよそ50棟ほど並ぶ。壮観なんである。空心菜のハウスの中では、ノンラーというベトナム伝統の菅笠《すげがさ》をかぶって顔に日よけを巻いたベトナム人女性たちが、刈り取り作業に没頭していた。もはやベトナム現地のような光景だ。技能実習生や、特定技能の人々だという。社長の妻となにやらベトナム語で屈託なく笑い合っている。働きやすい職場であることが伝わってくる。

「もともとはプログラマーだったんですよ」

社長が言う。ところが親の実家の農地の跡継ぎがおらず、すっかり荒れてしまっていて、誰か畑をやってくれる人はいないだろうかという話になり、挑戦することにした。はじめは水菜を栽培していたそうだ。

そんな折に、技能実習生として地域で働いていた妻と出会うのだ。ふたりとも「はじめはケンカばかりだった」と笑うが、やがて結婚。そして、妻の発案で高菜を生産してみることにした。水菜と同じアブラナ科で、ノウハウが役立つかもしれない。ベトナムでも高菜は漬け物にして、スープに入れたり炒めたりするポピュラーな野菜だ。価格を抑えて、ベトナム人向けに売ってみてはどうか……。

これが思いのほか売れた。気を良くした社長は「本格的にやってみよう」と乗り出すのだが、それを妻が、今度はたしなめた。

「ウチは水菜農家だよ?」

高菜栽培の経験は浅いし、たくさんつくっても売り先はまだ少ない。

「どっちもふらふらだったらさ、良くないでしょう。高菜のほうは、はじめは練習みたいな感じでやろうって言ったの」

そう妻は話す。どうもベトナム女性らしい、しっかり者のようだ。そうやってふたりで少しずつ経験を積み、高菜だけでなくほかの野菜やハーブの生産も手がけ、ベトナムの食材店や個人などにも売り先を広げてきた。いまでは作物のほとんどはベトナムのものだ。それだけ大きな需要がある分野なのだと、社長は言う。

「日本にはベトナム人だけで45万人が住んでいるんです。値段が安ければ、市場はものすごく大きいんです。でも、日本人の農家でそこに目を向けている人はあまりいません」

だからまだまだ供給が追い付かない。これだけエスニック食材店が増え、常総市のまほら邑や坂東市のサタポン農園のような場所があっても、アジアの野菜やハーブは必要とする消費者に届いていない。

日本人が日本人向けに生産しているものはあるが、パクチーにしても空心菜にしてもやたらと大きく生育させ、カサを稼いで高い値段をつける場合がある。それだと固くなり、香りが良くない。アジアの人々が重視するのは小ぶりで柔らかく生食にも使えて、なおかつ香り高いものだ。そんなニーズをうまくとらえて、急増した在日外国人という巨大な市場に切り込んでいけば、ビジネスチャンスは大きい。いわばブルーオーシャンなのだ。

「日本人は几帳面でしょう。外国人向けに質のいい野菜を安価に供給すれば、評判を得られると思いますよ。うちみたいな農家が100軒増えても、まだ需要はある」

そのためには外国人の協力が欠かせない。生食向けがいいとか香り重視ということだけでなく、どんな時期にどんな野菜の需要があるのか、食材店や消費者とのやり取り、市場開拓や営業には、食文化と言葉のわかる人が必要だろう。諸川農園はそこをベトナム人妻がこなしている。

「だから外国人ともっと積極的に関わって、彼らの意見を聞いて一緒に生産すれば、うまくいくと思うんですよ」

その言葉は農業だけでなく、354の旅で見てきたあらゆる現場にあてはまると思った。まずはともに、なにか作業をしてみることなのだ。それにはたぶん、互いに生き抜くための手段である「仕事」を媒介にしたほうがわかりやすいし手っ取り早い。ビジネスを通じて依存しあい、ウィンウィンになるような関係が、もっとたくさん生まれたら、いくらかは融和も進むのかもしれない。

お邪魔しました、技能実習生たちの自炊ランチ

諸川農園ではベトナム人の技能実習生も受け入れている。それに特定活動、特定技能といった在留資格のベトナム人もいる。ちょうど昼どきとあって、作業を終えた彼らのうち3人が帰ってくると、台所が賑やかになった。自分たちで調理をするのだ。いったいどんなものを食べているのか気になってお邪魔してみると、照れながらも食卓に招いてくれた。

出てきたのは鶏の骨付き肉の煮物、ゴーヤと卵の炒めもの、それにアマランサスという野菜の、これはお浸しのようなものだろうか。煮汁を使ったスープも添えられていて、鮮やかに赤い。この3品を日本米でいただく。なかなかに豊かな昼メシだ。ゴーヤとアマランサスは自分たちで栽培したものだという。

3人でどたばたしているように見えて実際のところ料理のほとんどをつくったという女性、グエン・ティ・フォンさん（36）は「あまり上手じゃない……」と恥ずかしそうだ。すると、

「そんなことない！　彼女、料理のセンセイ。私できるのタマゴだけ」

とチャン・テー・クンさん（23）がご飯をモリモリ食べながら言う。若い男子だけあっていい食いっぷりだ。

「日本でおカネ稼いで、ベトナム帰ってクルマ買いたいです。家ほしいです。残業もっとほしいです」

なんてひょうきんに話す。ふたりを見守るように食事をしている男性、ハン・ガン・コンさん（35）に諸川農園の居心地や夫妻のことを聞いてみると、

「社長、コワイです……ウソ、こわくない。奥さん、ちょっとコワイ」

そんな答えにみんな笑い合う。妻も苦笑する。みんな表情が柔和なのだ。日本で暮らすベトナム人の中には険しい顔つきをしていたり、日本人である僕が話しかけてもろくに返事もしないような、置かれた環境が察せられてしまう人もけっこういる。それに比べると、ここは働いていて楽しい場所のようだ。

社長にこっそり彼らの待遇も聞いてみた。在留資格によっても違ってくるのだが、どちらも「サイチン（最低賃金）」なんかではなく時給1000～1100円で、月にするとだいたい20～30万円。35万円を稼いだ人もいる。一軒家を自由に使う共同生活で、家賃は1万円、光熱費はぜんぶ合わせて5000円、ネット回線1500円。固定費はそれだけだ。

「うちは、特別なことはなにもやってないですよ。普通のことを、普通にしているだけ」

社長が言う。その普通ができない日本人、外国人が、僕も含めてどれだけたくさんいるのだろうかと思う。354を走り続けて感じたことのひとつは、普通であることの難しさだ。

エスニック国道最果てのタイ寺院にて

諸川農園から南下し、僕は再び354の終点である交差点まで戻ってきた。このあたりも鉾

田市の一部だが、２００５年の合併前までは「大洋村」という自治体だった。高度経済成長期からバブル期にかけて別荘地として人気だったことで知られる。しかし所有者の高齢化によって朽ち果て自然に呑まれてしまった物件も無数にあって、廃墟マニアがやってくるような場所となってしまった。

鹿島臨海鉄道の大洋駅もやっぱり廃墟然としていて、静かだった。無人駅だという。線路を渡ってホームに至る階段には、親子だろうか、ふたりの男性がいた。父親らしき高齢者が、手すりにつかまりながら身体を引きずるように階段を上り、息をついて膝をさすり、今度はゆっくりと降りてくる。それを心配そうに見守る、僕と同世代の男性。傍らには車いす。なにかのリハビリをしているのだろうと思った。

その大洋駅のすぐそばに、「ワット・タイ・茨城」がある。６年ほど前にできたというタイ寺院だ。笠間で知り合ったタイ人から、「今日は鉾田でタラート（市場）やるよ」と聞いたのだ。旅のシメにはやはり、我が愛するタイの空気に浸りたい……と思って来たのだが、すでに敷地はクルマでいっぱい。なんとかスペースを見つけて、誘導係をしているタイ人の若い兄ちゃんに「オーラーオーライ」と誘導してもらって駐車し、境内に入ってみると、そこはまさにタラートだったのだ。タイの食材や日用雑貨を売るテントがいくつも並び、タイ人がわいわいと集まっている。ドリアンや揚げた昆虫を売っている屋台もあれば、なんとタイマッサージ屋まで出ていて、テントの下でお客が寝そべり気持ちよさそうに揉まれている。タイではどんな田舎に行ってもこの手の露天市があったと思い出す。タイ人に連れられてきたらしき日本人もけっこう見る。

そしてやっぱりここでも唐突にタイ演歌がかかり、タイ濃度がさらに増したかと思うと、ＤＪみたいなノリでタイ語のマイクパフォーマンスがはじまった。笠間の寺でも見た、あの司会のおじさんであった。今日もバッチリ、蝶ネクタイとラメスーツで決めて、来客の踊りを盛り上げている。

賑やかさを離れて寺の本堂に入ると、いくらかは静かだ。オレンジ色の袈裟をまとった３人のタイ僧がくつろいでいる。タイの民族衣装で正装した女性たちが、ご本尊の仏像に祈っている姿もある。そのひとり、沼田ブッサバーさん（51）が、いきなり現れた僕を歓迎してくれた。

「今日はお寺の建物を新しくしたことのお祝いなんです」

笠間でも同様だったが、やはり地鎮祭のようなものだろう。ブッサバーさんを中心としたタイ人たちで協力して、６年前にまず土地を取得し、それから寄付が集まると少しずつ本堂を増築してきた。今日もそんな感じで儀式を執り行い、一緒にタラートも開いたのだというが、どうして鉾田をお寺の場所に選んだのだろうか。

「私はひたちなか市なんですが、鉾田にはタイ人が多いんですよ。日本人と結婚した人がほとんど。もう孫がいる人もたくさん。私も孫がふたり（笑）」

そしてこのあたりでは、介護の仕事をするタイ人もいるのだという。これは土浦でも聞いた話だ。タイは仏教の教えもあって高齢者を大切にするし、とくに地方では祖父母も一緒の大家族で育ち、小さい頃からその面倒を見てきたという人も多い。とりわけ女性はホスピタリティがあって世話好きだ。そんなタイ人が日本の介護業界で重宝されるようになってきている。ブッサバーさんも以前ずっと、老人ホームやホームヘルパー、デイサービスなどで働いていたそうだ。

「ヘルパー2級の資格を持ってますよ」

と話すが、仕事をしているときついこともあったようだ。

「もう1年、だれも会いに来ないんだって言うお年寄りもいたの。うちに帰りたい、孫に会いたいって。心痛いね」

そんな気持ちを、外国人が受け止める。354沿線にこれだけ外国人コミュニティが築かれてきた大きな理由は「そこに（日本人が就きたがらない）仕事があるから」だが、高齢化が進むいま、その仕事の中に「介護」も加わってきているようだ。

そしてブッサバーさんはいま、レストランも営んでいる。「UEDA BASE CAMP」のすぐそばにある「サンタワン」という店で、タイ料理のほかになんとインドネシア料理を出している。鉾田にインドネシア人の技能実習生が目立つようになってきたからだ。というのもベトナム人絡みの問題が多く、違う国の労働力が欲しいという農家の声が高まっているためだ。中国、ベトナムと来て、次はインドネシア……都合のいい労働力を求め続けることに、果たして終わりはあるのだろうか。

それはともかく「現場」でインドネシア人たちを受け入れるブッサバーさんは「バリ島に行って、料理を勉強してきたんだよ」と抜け目ない。しっかりインドネシア語とタイ語のカラオケも完備している。週末はずいぶんお客が来るそうだ。

その傍らで、ブッサバーさんはタイ寺院に足しげく通い、僧侶の世話をし仏に祈りを捧げながら、近所の日本人の家を一軒一軒まわり、外国人が集まることに理解を求めて歩いている。

「今日も、タイ料理がたくさん出るので来てくださいって誘ったんです」

彼女たちのような外国人にも、この旅ではたくさん出会った。日本人とうまくやっていこうと、言葉を学び、働き、日本人の中に飛び込んでいく。

エスニック国道はなかなかに険しい。労働者としての外国人を受け入れておよそ40年、それでもなお道半ばだ。これからも問題は絶えないだろうけれど、互いになんとか折り合っていこうとする人たちも、国を問わず多い地域だ。そんなひとりひとりが歩くたびにきっと、わずかずつではあるけれど、ほぐれていくものがある。

のどかで陽気なタイの演歌が、茨城の空に溶け込んでいく。さあ、僕もソムタムとカオニャオでももらおうかな。

旅の終わりに

夕暮れどきの街を、古びた自転車で走っていく男たちがいる。東南アジア系の顔つきだった。インドネシア人だろうか。前カゴに買い物袋を満載し、息を切らせて、どこかへと去っていく。またこの姿だ、と思った。

354の旅で、いったい何度こんな光景を目にしただろうか。赤城颪が吹きすさぶ酷寒の東毛地域でも、強烈な陽光が照りつける茨城の農村でも、自転車に乗った外国人たちを見かけた。北関東は一人一台のクルマ社会だ。自転車に乗っているのは中高生くらいだから、大人たちが連れだってペダルをこいでいる姿には少し違和感を覚える。そして彼らの決して裕福ではない暮らしぶりが垣間見えて、もの悲しさも感じた。

ここ茨城県土浦市の神立《かんだつ》町でも、やはり同じだった。354のすぐ北に広がる小さな町だ。仕事が終わったのか、自転車にまたがった外国人の一団が通り過ぎていった。

「インドネシアの技能実習生ですよ」

ニッキ・インドラストラさん(44)が言う。彼自身もインドネシア人だ。

「神立には日立関連の工場がたくさんあるでしょう。そこで働く外国人が増えてるんです。技能実習生もいるし、私みたいにほかの場所から移ってきた人もいる」

なかなか時給がいいのだという。だからわざわざ神立に引っ越してくる外国人も多いのだとか。ニッキさんは4年ほど前に、なんと広島からやってきた。こうして仕事があるところ、外国人でもより稼げる場所への集住が進む。そして各所に小さな外国人コミュニティが形成されていく。

ニッキさんの行きつけは、JR常磐線の神立駅から歩いて10分ほどの場所にあるハラルのラーメン屋だ。インドネシア人と日本人の夫妻が経営している。濃厚そうなスープをすすってみると、牛肉の風味がなんとも豊かだ。これは「ルンダン」というインドネシアのソウルフードがベースになっている。牛肉をココナツミルクとスパイスで煮込んだもので、さらに牛テールのスープとミックスさせている。この旨味たっぷりのスープが、日本スタイルのもっちりした太麵とよく絡み、実にいける。インドネシアの伝統と、日本のラーメン文化の融合なんである。夢中ですすりながら、「やっぱり354のメシはうまい……」との思いも、また新たにしたのであった。

神立にあるのはインドネシアの店だけではない。タイの雑貨屋もベトナムの食材店も、フィリピン料理のレストランもある。小さな町が奇妙な国際性を持っているのも北関東ならではだし、これらの店が日本人が去っていったテナントに居抜きで入り、本人たちにその気はないだろうけれどシャッター通りとなるのを結果としてかろうじて防いでいるのも354沿いではよく見てきた姿だ。

そしてニッキさんもまた居抜き物件を活用していた。廃業したスナックを仲間同士で買い取って、モスクに転用しちゃったのである。お邪魔してみるとソファーやテーブルを取っ払って絨毯敷きにしたようで、なかなか広い。週末はインドネシア人の技能実習生たちのほかパキスタン人やバングラデシュ人なども訪れるそうだが、天井にブラ下がっているのはスナック時代のシャンデリア。欲と酒とにまみれてきた空間をモスクに転用することについてハラル的にはいったいどうなのか気になったが、

「まあ大丈夫でしょう」

とニッキさんはのんびり話す。こういった祈りの場も北関東では急増している。さまざまな面で外国人の存在感が大きくなっているように思うのだが、彼らとつきあいのある日本人は少ない。この取材で出会った、ある日本人は言った。

「外国人は、透明な存在なんですよ」

自転車で道行く姿があっても、工場や畑や介護施設や建築現場で働き、地域を支えていても、日本人の意識の中には入ってこない。視界には映らない。関わり合おうという人はあまりいない。

外国人のほうも、日々の仕事に追われ、在留資格の維持と仕送りのことで頭がいっぱいという人ばかりだ。地域に交わるような時間も、語学力を養う余裕もない。稼げればそれでいいという人も多い。そう考えると、外国人から見たら日本人もまた、透明な存在なのかもしれない。

隣り合った生活者であるのに、お互い目に留まらない。食べるところも買い物するところも、たむろしてダベる場所だって重なることはない。それが354の現実でもある。日本人と外国人とが存在を認め合い、ごく普通の隣人になる日は来るのだろうか。

それでも、だ。

この一杯のハラルラーメンのように、文化がうまいこと混じり合い、昇華してくるものだってある。

そしてまた、やたらと元気な外国人があれやこれやと頭をひねり、失敗を恐れずビジネスにトライしていく闊達さにも満ちている地域だ。少子化と高齢化で活力を失いつつある日本人の代わりに、外国人がエネルギーを発している姿も、やはりこの旅では見てきた。

「私はコレ始めたよ」

ニッキさんがモスクの駐車場に停めたトラックを見せてくれた。後部の扉を開け放つと、中にはインドネシアの食材がびっしり。サンバルというチリソース、スパイス、ココナツミルクやインスタント麺、お菓子やジュース、ルンダン、それに冷蔵庫まで備えてあって、肉や魚も満載だ。ハラル食材の移動スーパーマーケットなのであった。ちゃあんと営業許可のシールも貼られ、電気はトラックに設置されたソーラーパネルで発電するという。

「奥さんがハラルショップやっててね。私は仕事しながら配送を手伝ってる。茨城県内なら、呼ばれたらどこだって行くよ」

そう言うとニッキさんはトラックに乗り込み、３５４へと走り出していった。工場で働きながらお金を貯めて、起業したそうだ。異国で商売を立ち上げてしまうたくましさを見ていると、なんだか僕まで頑張らなくちゃという気になってくる。

もう少し３５４を走って、異国飯を堪能したいところではあるけれど、そろそろ切り上げることにしよう。振り返ってみれば実に豊かな行程だったと思う。旅先で出会う人々が、さらにまた魅力的な人たちや美味しいものを紹介してくれたおかげで、実り多いものになった。とりわけ映像ディレクターの比呂啓さん、「しもつま外国人支援ネットワークｔｏｍｏｄａｃｈｉ」の小笠原紀子さん、名古屋九番団地「まなびや＠ＫＹＵＢＡＮ」の川口祐有子さん、大泉町観光協会の中山正樹さん、在日ビルマロヒンギャ協会のアウンティンさん、パキスタンコミュニティ・ジャパンのハフィズ・メハル・シャマスさんには、たいへんお世話になった。そして取材を受けてくださったすべてのかたがたに、心からの感謝をお伝えしたい。本当にありがとうございました。

２０２３年１月　室橋裕和

参考文献

〈書籍〉

上毛新聞社『サンバの町から　外国人と共に生きる 群馬・大泉』（上毛新聞社、１９９７年）

上毛新聞社『サンバの町それから　外国人と共に生きる群馬・大泉』（上毛新聞社、２０２２年）

近藤義雄他『群馬史再発見』（あさを社、２００１年）

丑木幸男他『群馬県の百年』（山川出版社、１９８９年）

山田武麿『群馬県の歴史』（山川出版社、１９７４年）

〈ウェブサイト〉

ブラジル移民の１００年 https://www.ndl.go.jp/brasil/

ディスカバー・ニッケイ https://www.discovernikkei.org/ja/

ＳＵＢＡＲＵ公式サイト内　沿革 https://www.subaru.co.jp/outline/pdf/enkaku.pdf

富岡製糸場 http://www.tomioka-silk.jp/tomioka-silk-mill/

シク教をシル https://learnsikhism.jp/

群馬県庁公式サイト https://www.pref.gunma.jp/

群馬県蚕糸業の足跡 https://www.nippon-kinunosato.or.jp/permanent/footprint/

〈論文〉
福田友子「中古車貿易における移民企業家の多民族ネットワーク形成」（『国際リユースと発展途上国』調査研究報告書、アジア経済研究所、２０１３年）
https://www.ide.go.jp/library/Japanese/Publish/Reports/InterimReport/2012/pdf/C35_ch6.pdf
菊地一郎「群馬県における工業立地と工業団地の地域的展開」（教育学部紀要、文教大学教育学部第31集、１９９７年）
https://bunkyo.repo.nii.ac.jp/?action=repository_action_common_download&item_id=798&item_no=1&attribute_id=37&file_no=1
季増民「北関東地方における内陸工業団地の地域的展開」（地学雑誌 98巻4号、１９８９年）
https://www.jstage.jst.go.jp/article/jgeography1889/98/4/98_4_420/_pdf

本書への感想をぜひお寄せ下さい

装画・挿画　谷端　実
図版製作　クラップス

本書は書き下ろしです。

室橋裕和（むろはし・ひろかず）

1974年生まれ。週刊誌記者を経てタイに移住。現地発の日本語情報誌に在籍し、10年にわたりタイ及び周辺国を取材する。帰国後はアジア専門のライター、編集者として活動。「アジアに生きる日本人」「日本に生きるアジア人」をテーマとしている。現在は日本最大の多国籍タウン、新大久保に在住。著書に『ルポ新大久保』（辰巳出版）、『日本の異国』（晶文社）など。

北関東《きたかんとう》の異界《いかい》　エスニック国道《こくどう》354号線《ごうせん》
絶品《ぜっぴん》メシとリアル日本《にっぽん》

発　行　2023年3月15日

著　者　室橋裕和《むろはしひろかず》

発行者　佐藤隆信
発行所　株式会社新潮社
〒162-8711　東京都新宿区矢来町71
電話　編集部　03-3266-5611
読者係　03-3266-5111
https://www.shinchosha.co.jp

装　幀　新潮社装幀室
組　版　新潮社デジタル編集支援室
印刷所　株式会社光邦
製本所　株式会社大進堂

ISBN978-4-10-354981-9 C0095